高等学校 才

U0587453

主　编　黄延春　周进国

副主编　沈财利　汪　俊
　　　　赖锦松

审　稿　梁月红

重庆大学出版社

图书在版编目（CIP）数据

体育市场营销学 / 黄延春，周进国主编.--重庆：
重庆大学出版社，2017.10（2023.1重印）
高等学校体育学类本科专业系列教材
ISBN 978-7-5689-0604-3

Ⅰ.①体…　Ⅱ.①黄…②周…　Ⅲ.①体育—市场营

销学—高等学校—教材　Ⅳ.①G80-05

中国版本图书馆CIP数据核字（2017）第137371号

高等学校体育学类本科专业系列教材
体育市场营销学
主　编　黄延春　周进国
策划编辑：唐启秀

责任编辑：李桂英　邓桂华　　　版式设计：唐启秀
责任校对：刘志刚　　　　　　　责任印制：张　策

*

重庆大学出版社出版发行
出版人：饶帮华
社址：重庆市沙坪坝区大学城西路21号
邮编：401331
电话：（023）88617190　88617185（中小学）
传真：（023）88617186　88617166
网址：http://www.cqup.com.cn
邮箱：fxk@cqup.com.cn（营销中心）
全国新华书店经销
POD：重庆市圣立印刷有限公司

*

开本：787mm×1092mm　1/16　印张：13　字数：273千
2017年10月第1版　　2023年1月第3次印刷
ISBN 978-7-5689-0604-3　定价：32.00元

本书编委会

主　编　黄延春　周进国

副主编　沈财利　汪　俊　赖锦松

编　委　李　壮　毛　佳　罗曦光

　　　　林　霖　朱宪峰

总　序

2016年8月26日，全国卫生与健康大会通过的《健康中国2030规划纲要》体现了党和政府对人民群众健康权益和促进人全面发展的高度重视，反映了我国由体育大国向体育强国迈进的国家意志。"十三五"期间，全面建成小康社会为体育发展开辟了新空间，经济发展新常态和供给侧结构性改革也对体育发展提出了新要求，建设健康中国更是为体育发展提供了新机遇。然而，当前我国体育人才发展水平同体育事业的发展需求仍有差距，存在着体育人才总量相对不足、体育人才培养质量不高、各类体育人才发展不均衡、高层次创新型人才短缺等现象，还不能满足体育强国建设的需求，难以发挥体育人才在体育事业发展和体育强国建设中的基础性、战略性、决定性的作用。特别是在体育专业人才培养质量方面，受招生规模不断扩大、生源质量参差不齐等诸多因素的影响，培养质量并未达到预期的目标。究其体育教学本质原因，学校体育教学目标、教师、学生、内容、方法、过程、环境、评价等都难以免责，但是，作为教学内容的载体——教材质量的好坏无疑决定着人才培养质量的水平。尽管体育学科教育改革在不断深化推进，但教学内容方面的创新改革力度仍显不足。目前，体育学类本科专业的教材内容仍以传授知识为中心，教材编写一直存在高度抽象化、纯粹理论化、逻辑不清晰、结构混乱、叙述晦涩、实例奇缺的问题，充斥着抄袭来的公式和陈词滥调的顽疾。国际上最新的研究成果和理论较少能在教材中得到更新，缺乏内容丰富、结构合理、描述生动并有大量生动实例的教材。整体上，体育学类本科专业教材存在建设滞后、缺乏个性化、内容更新周期缓慢、编写水平不高和装印质量低下等问题。其导致的结果就是出现教师"教不会""教不清"和学生"学不会""用不上"的窘况，教学质量难以保证，提高教学质量更无从谈起。因此，如何紧跟经济社会的发展变化，编写出能反映体育学科专业的最新研究成果，更好地适应教法更新和学法创新，激发现代大学生的学习兴趣，在教材内容、逻辑结构和形式编排等不断彰显优秀经验传承与创新的教材将是编写者亟待关注的核心问题，也是提高教材编写水平和教学质量的重要保证。

"高等学校体育学类本科专业系列教材"是依据"健康第一"的教育理念和《高等学校体育学类本科专业类教学质量国家标准》（修订稿）（以下简称《标准》）规定的专业课程体系要求，由编委会组织多位资深任课教师尤其是优势和特色专业学科带头人、知名学者、教授，在具备深厚学术研究背景、长期教学实践和教材编撰研究经验的基础上，编写出的体现体育学科研究成果的高质量系列教材。按照《标准》规定的专业必修课课程要求，编写了专业类基础课程（体育学类本科专业均需开设的课程），包括"体育概论""运动解剖学""体育心理学""运动生理学""体育社会学""健康教育学""体育科学研究方法"7门专业类基础课程。并按照专业方向课程开设采用3+X的模式要求，编写了"学校体育学""运动训练学""体育竞赛学""体育市场营销学""中国武术导论"等专业方向课程以及"运动生物化学""运动生物力学""体育管理学""乒乓球""排球""武术""体操""篮球""健美操""羽毛球"等模块选修课程。该系列教材既可以作为体育学类本科专业学生的教材使用，也可以作为各级各类体育教师和教练员的参考用书。

本系列教材的特色有以下几点：

一是力求体育学科理论知识阐述和论证适可而止，避免机械地理论叠加或过度地引用、借用观点。力争避免高度抽象化和纯理论化，使教学内容丰富，更加贴近现代体育专业本科生的学习兴趣需求，体现新课程体系下的新的课程内容，注重提高学生的实践能力，培养学生的创新能力。

二是立足于理论联系实际的观点，突出学以致用的目标。在编写体例上强化了篇、章、节之间的逻辑关系的清晰和结构的合理，在案例、材料的选择上更加突出新意。根据知识的脉络和授课的逻辑，设计了思考、讨论或动手探索、操作的环节，提升书稿的互动性。同时，根据篇幅及教学情况，以知识拓展、阅读和实践引导、趣味阅读等形式，适当增加拓展性知识，力争使教师"教得会""教得清"，学生"学得懂""用得上"。

三是力求做到简洁、明晰。在大纲设计、内容取舍上，坚持逻辑清晰、行文简洁，注意填补新兴学科、交叉学科等教材的空白以及相关教材体系的配套，避免大而全、面面俱到的写作，力图使教材具有基础性、实用性、可读性以及可教性，最大限度地避免言不切实、空泛议论的素材堆积。

本系列教材编委均是各个专业研究领域的专家，大都具有博士学位，对各自的研究领域非常熟悉，他们所撰写的内容均是各自潜心研究的成果，有很深的研究与很高的学术造诣。如何编写好体育学类本科专业学生系列教材，全体编写人员在科学性、实用性、可读性、针对性和先进性方面做了初步尝试。但由于编写时间仓促，交流和讨论得不够，不足之处在所难免，欢迎读者不吝赐教与批评指正，修订时将作进一步充实与完善。

虽然编委会按照《标准》的要求，有规划地对系列教材进行组织、开发和编写，但由于对教材质量和水平的高规格要求，一部分重要的课程并未被列入此次教材编写的名目，编委会将在后续编写中逐步增补。

本系列教材的编写，得到了重庆大学出版社领导的大力支持与帮助。同时，全国高等学校体育教学指导委员会技术学科组原副组长王崇喜教授，全国高等学校体育教学指导委员会委员、河南省高校体协主席林克明教授等专家也给予了许多的鼓励、建议与指导，编写时参考了诸多专家、学者的前沿研究成果，在此一并表示衷心的感谢！

高等学校体育学类本科专业系列教材编委会

2016年10月

前　言

20世纪90年代以来，在体育竞赛表演业与体育健身娱乐业的引领下，我国体育产业体系不断完善，在国民经济中的地位日益显现。进入21世纪后，政府对体育产业的重视程度不断升温。2014年，《国务院关于加快发展体育产业　促进体育消费的若干意见》提出："将全民健身上升为国家战略，把体育产业作为绿色产业、朝阳产业培育扶持，破除行业壁垒、扫清政策障碍，形成有利于体育产业快速发展的政策体系。"这标志着我国体育产业将迎来新的发展机遇。然而，体育产业的健康发展仅仅依靠政府推动是不够的，还需要依靠市场主体、行业协会、消费者等多种力量的共同作用，尤其是具有较强体育市场营销能力的专业人才至关重要。因此，培养高素质的体育市场营销人才是新时期我国体育高等学校（院系）的一个重要任务，而高质量的《体育市场营销学》教材是必不可少的。

本书从理论篇入手，较为详细地论述了体育市场营销的相关理论问题，同时结合实践篇，较为全面地阐述了体育市场营销的策略及实际操作方案。本书理论篇的主要内容包括：市场营销学与体育市场营销学、体育市场营销战略、体育市场营销竞争战略、体育市场细分与目标市场营销战略、体育市场营销调研与市场预测。实践篇的主要内容包括：体育健身娱乐市场营销策略、体育竞赛表演市场营销策略、体育经纪市场营销策略、体育场馆市场营销策略、体育旅游市场营销策略、体育彩票市场营销策略。体育市场营销学属于应用性很强的一门学科，因此，我们在阐述体育市场营销相关理论问题的基础上将突出应用性作为本书的重点，大量的体育市场营销案例和知识拓展也是本书的一大特色。在整体结构设计方面，我们坚持理论与实际紧密结合的原则，从理论篇和实践篇两大部分构建本书的内容体系。本书既可以作为体育专业本科生的教材，也可以作为体育爱好者、科研人员及研究生了解体育市场营销理论与实践的参考用书。

本书由黄延春、周进国担任主编，沈财利、汪俊、赖锦松担任副主编，编委有李壮、毛佳、罗曦光、林霖、朱宪峰。由于时间原因，加之编者水平有限，不足之处在所难免，请各位专家、同行及广大读者批评指正。

编　者

2017年3月

目　录

引　论

理论篇

第一章

市场营销学与体育市场营销学

008　第一节　市场营销学概述

013　第二节　体育市场与体育市场营销

017　第三节　体育市场营销学的学科性质与研究方法

第二章

体育市场营销战略

021　第一节　市场营销战略与体育市场营销战略

022　第二节　体育市场营销战略规划

027　第三节　体育市场营销管理过程

第三章

体育市场营销竞争战略

033　第一节　体育市场竞争者分析

036　第二节　不同竞争地位体育市场营销者的竞争战略

第四章

体育市场细分与目标市场营销战略

046   第一节　体育市场细分战略

052   第二节　体育目标市场选择战略

056   第二节　体育目标市场定位战略

第五章

体育市场营销调研与市场预测

062   第一节　体育市场营销环境

070   第二节　体育市场营销调研

076   第三节　体育市场营销预测

实践篇

第六章

体育健身娱乐市场营销策略

084   第一节　体育健身娱乐市场概述

087   第二节　体育健身娱乐产品策略

088   第三节　体育健身娱乐定价策略

089   第四节　体育健身娱乐渠道策略

090   第五节　体育健身娱乐促销策略

第七章

体育竞赛表演市场营销策略

094　　　第一节　体育竞赛表演市场概述

098　　　第二节　体育竞赛表演产品策略

099　　　第三节　体育竞赛表演定价策略

099　　　第四节　体育竞赛表演渠道策略

100　　　第五节　体育竞赛表演促销策略

第八章

体育经纪市场营销策略

104　　　第一节　体育经纪市场概述

107　　　第二节　体育经纪产品策略

111　　　第三节　体育经纪定价策略

第九章

体育场馆市场营销策略

123　　　第一节　体育场馆市场概述

127　　　第二节　体育场馆产品策略

129　　　第三节　体育场馆定价策略

135　　　第四节　体育场馆渠道策略

139　　　第五节　体育场馆促销策略

第十章

体育旅游市场营销策略

159　　第一节　体育旅游市场概述

162　　第二节　体育旅游产品策略

166　　第三节　体育旅游定价策略

169　　第四节　体育旅游营销渠道策略

172　　第五节　体育旅游促销策略

第十一章

体育彩票市场营销策略

177　　第一节　体育彩票市场概述

181　　第二节　体育彩票产品策略

185　　第三节　体育彩票定价策略

187　　第四节　体育彩票渠道策略

188　　第五节　体育彩票促销策略

参考文献

引　论

一、体育市场营销学的学习目的与任务

自1978年改革开放以来，我国开启了由计划经济体制向社会主义市场经济体制转变的历史进程。经济体制改革对体育体制改革也提出了新的要求。体育不仅是一项事业，而且还应该成为一个重要的产业；体育发展不能仅仅依靠政府财政拨款，还要增强自身造血的能力；体育领域不能仅由政府调配资源，而应将市场作为配置资源的主要方式。20世纪90年代以来，随着我国体育发展方式的转变及体育管理体制的改革，体育产业的魅力逐渐凸显，受到了体育界内外众多有识之士的青睐，体育市场主体日益增多，体育消费群体不断扩大，体育产业俨然成为广受政府和社会关注的一个朝阳产业。当前，我国体育产业产值虽然整体规模还不大，在国民经济中的比重也不高，与发达国家相比还有较大的差距，但体育产业已经形成了一个种类较齐全、门类较完整的体系。我国体育产业的分支产业包括体育健身娱乐业、体育竞赛表演业、体育经纪业、体育场馆业、体育旅游业、体育彩票业等。21世纪以来，政府对体育产业的发展高度重视，已经将体育产业作为绿色产业和朝阳产业予以培育扶持，体育产业发展的政策环境日益优化。然而，在市场经济环境下，体育产业的发展仅仅依靠政府推动是不够的，还需要大量培养体育产业人才、积极培育体育市场主体、大力开发体育市场、努力促进国民体育消费，只有这样才能从根本上促进我国体育产业的发展。在体育市场国内外竞争日益激烈的背景下，体育市场营销是体育产业人才所必须要掌握的基本知识。通过体育市场营销学的学习，充分认识体育市场营销学对体育产业发展的重要作用，系统掌握体育市场营销学的相关理论知识和实践技能，具备从事体育市场营销工作的能力。

体育市场营销学的学习任务包括以下九个方面：①了解市场营销学与体育市场营销学的基本理论问题，包括起源、学科性质与相关概念；②掌握体育市场营销战略，包括总体战略、竞争战略、市场细分与目标市场营销战略等；③掌握体育市场营销调研与市场预测的方法；④掌握体育健身娱乐市场营销策略；⑤掌握体育竞赛表演市场营销策略；⑥掌握体育经纪市场营销策略；⑦掌握体育场馆市场营销策略；⑧掌握体育旅游市场营销策略；⑨掌握体育彩票市场营销策略。

二、体育市场营销学的结构特征与内容体系

本书是在充分借鉴母学科——市场营销学的内容体系，并结合当前我国体育市场的实际情况编写而成。体育市场营销学属于应用性很强的一门学科，因此，我们在阐述体育市场营销相关理论问题的基础上将突出应用性作为本书的重点。在整体结构设计方面，坚持理论与实际紧密结合的原则，从理论篇和实践篇两大部分构建本书的内容体系。在理论篇方面，将带有全局

性和长远性的体育市场营销战略作为阐述的重点；在实践篇方面，重点阐述当前我国体育市场的几个主要构成部分的营销策略。

本书由以下11章构成：

（1）市场营销学与体育市场营销学：主要包括市场及市场营销的概念、市场营销学的起源及学科性质；体育市场及体育市场营销的起源及其相关概念；体育市场营销学的学科性质及研究方法等。

（2）体育市场营销战略：主要包括市场营销战略及体育市场营销战略的定义；体育市场营销战略制订的步骤；体育市场营销管理的过程等。

（3）体育市场营销竞争战略：主要包括体育企业的主要市场竞争者、体育市场竞争的不同性质和类型、体育市场竞争的基本策略、不同市场地位的体育企业应采取的市场竞争策略等。

（4）体育市场细分与目标市场营销战略：主要包括体育市场细分的概念和原则；体育目标市场的选择及相关策略；体育产品市场定位的概念和方法；体育产品市场定位的三要素及实施步骤等。

（5）体育市场营销调研与市场预测：主要包括体育市场营销环境的概念、特点及构成要素；体育市场营销调研的基本概念、基本内容及各种调研方法的特点与操作；体育市场营销预测的内容与步骤等。

（6）体育健身娱乐市场营销策略：主要包括体育健身娱乐市场的概念、特征、产品类型以及我国体育健身娱乐市场的发展状况；体育健身娱乐产品、定价、渠道、促销的营销策略等。

（7）体育竞赛表演市场营销策略：主要包括体育竞赛表演市场的概念、特征、经营内容；我国体育竞赛表演市场的发展状况；体育竞赛表演产品、定价、渠道、促销的策略等。

（8）体育经纪市场营销策略：主要包括经纪、经纪人、体育经纪的概念；体育产品的生命周期；佣金的性质、类型、体育经纪人佣金的支付和获取途径等。

（9）体育场馆市场营销策略：主要包括体育场馆和体育场馆市场的概念；体育场馆日常运营的产品项目和内容；体育场馆市场营销组合中的产品策略、定价策略、渠道策略和促销策略；体育场馆产品的营销手段和技巧等。

（10）体育旅游市场营销策略：主要包括体育旅游与体育旅游市场的概念；体育旅游市场的分类、特点和开发；体育旅游的产品、定价、营销渠道及促销策略等。

（11）体育彩票市场营销策略：主要包括体育彩票市场的概念与特点；体育彩票产品的策划与管理；体育彩票的定价、营销渠道及促销策略等。

三、体育市场营销学的学习方法

体育市场营销学是一门应用性很强的课程，在学习过程中要注意采用以下方法。

（一）教师引导与学生主体相结合

进入大学以后，教师在学生的学习过程中主要起引导作用，通过有效的教学方法激发学生对所授课程的兴趣爱好，培养学生学习的主观能动性，突出学生的主体地位。在体育市场营销学的学习中，同样要采用教师引导与学生主体相结合的方法。学生在学习新课程之前，要主动熟悉将要学习的知识，并在本书的基础上延伸学习范围，通过相关教材或专著拓宽知识视野。在学习中，学生要强化问题意识，善于发现问题，并在课堂上踊跃向教师提出问题，在探讨与交流中深化对问题的认识，牢固掌握学习内容。

（二）理论学习与实践探索相结合

理论既来源于实践，又要反作用于实践，指导实践工作的有效开展。理论与实践的有机结合是本书的特点，也是学生在学习中需要采用的方法。在本课程的学习过程中，学生一方面要认真学习体育市场营销学的相关理论，如体育市场营销学的核心概念、研究方法、营销战略、营销调研与市场预测等；另一方面要掌握体育健身娱乐、体育竞赛表演、体育经纪、体育场馆、体育旅游、体育彩票等市场营销策略，能针对某一个体育市场的开发制订系统的营销策略。

（三）唯物辩证与创新发展相结合

在学习体育市场营销学中，我们要运用唯物辩证法分析问题，不能仅仅看问题的某一面，还要善于从其他方面综合分析问题，既要看到问题的正面，也要注意问题的反面；既要挖掘某一营销战略或策略的积极效益，也要防范其消极影响。只有系统、全面地分析问题、解决问题，才能有效地开展体育市场营销工作。创新发展也是学习体育市场营销学所要坚持的一种方法。现实中的体育市场瞬息万变、纷繁复杂，这就要求体育市场营销的理论与实践必须不断创新，包括营销理念、营销战略、营销策略等都要根据体育市场的发展进行创新升级。学生在学习中既要学习既有的理论知识，又要具有批判的意识，以创新发展的思维学习体育市场营销学。

理论篇

第一章
市场营销学与体育市场营销学

【学习任务】

通过本章的学习，学生应了解市场营销学的起源及学科性质，掌握市场、市场营销及市场营销学的核心概念；了解体育市场及体育市场营销的起源，掌握体育市场、体育市场营销及其相关概念；掌握体育市场营销学的学科性质及研究方法。

【学习目标】

- 能够辨析市场及市场营销的概念。
- 能够阐释市场营销学的起源及学科性质。
- 能够理解市场营销学的核心概念。
- 能够辨析体育市场、体育市场营销及其相关概念。
- 能够阐释体育市场营销学的学科性质及研究方法。

【学习地图】

市场营销学→体育市场→体育市场营销学

20世纪90年代，以足球为突破口的体育职业化改革，不仅促进了我国职业体育的发展，而且形成了富有潜力的体育竞赛表演业。同样在20世纪90年代，我国商业健身俱乐部开始出现，随着经济社会的不断发展以及国民健身意识的逐渐增强，如今形成了一个活力十足的体育健身娱乐业。以这两大核心体育产业的发展为引领，我国体育产业体系不断完善，在国民经济中的地位逐渐显现。2014年《国务院关于加快发展体育产业促进体育消费的若干意见》提出："将全民健身上升为国家战略，把体育产业作为绿色产业、朝阳产业培育扶持，破除行业壁垒、扫清政策障碍，形成有利于体育产业快速发展的政策体系。"这意味着，我国体育产业发展将迎来新的机遇。与此同时，挑战与压力也是并存的。一方面，体育产业将迎来新的投资热潮，体育企业数量会不断增多，市场竞争也会日益激烈；另一方面，我国体育产业发展的诱人前景也会吸引越来越多的国外体育企业，这又进一步加大了国内体育企业的压力。我国体育企业如何在竞争激烈的市场中获取成功，这是体育企业及学术界迫切需要思考的问题。无疑，强化市场营销意识和增强市场营销能力是体育企业取得成功的关键，而体育市场营销学则是解决这一问题的理论利器。本章在对市场营销学进行概述的基础上，探讨了体育市场营销学的几个基本理论问题。

第一节　市场营销学概述

了解市场营销学的基本理论问题，是探讨体育市场营销学的前提和基础。本节主要介绍市场及市场营销的概念、市场营销学的起源与学科性质以及市场营销学的几个核心概念。

一、市场与市场营销

（一）市场

市场是一个比较宽泛的概念，在不同的视角下有不同的含义。在日常生活中，市场是指买方和卖方聚集在一起做生意的场所。比如农村的集市、城市的汽车交易市场以及商场、超市等。在经济学中，市场是一种资源的配置机制，如价格机制、供求机制等。亚当·斯密将市场称之为"一只看不见的手"。从经济学的角度定义市场，还通常将市场划分为完全垄断市场、寡头垄断市场、垄断竞争市场和完全竞争市场。完全垄断市场是指某个行业只存在一家供应商，其实这只是一种理论上的假设，现实中一般不存在；寡头垄断市场是指集中度非常高的市场，如中国石油市场就类似于这种市场，中石化和中石油两大公司控制了整个市场的绝大部分产销量，中国通信市场也是这种类型的市场，中国移动、中国联通、中国电信几乎垄断了整个市场；垄断竞争市场是由众多提供同一大类商品的供应商构成的市场，每一家的产销量仅占整个市场的一小部分，他们在竞争中都希望取得有别于竞争对手的差异化优势，现实中这种类型的市场最多，如体育用品市场、体育健身市场、体育竞赛表演市场、体育经纪市场等都属于这种类型的市场；完全竞争市场也只是一种理论上的假设，是指某个行业存在众多供应商，他们向市场提供无差异的标准化产品，这种情况现实中一般也不会存在。

市场营销学中的市场则不同于以上观点。从市场营销学的角度来看，卖者构成行业，而只有买者即消费者才构成市场。在市场营销中，市场是指某种产品的实际购买者和潜在购买者的集合。这里的市场包含三个要素：人口＋购买力＋购买欲望，也即意味着市场就是由有购买力和购买欲望的人口所组成。还有学者认为，如果从市场营销的角度定义市场需要从三个方面进行考虑：首先需要从消费者需求的角度认识市场，市场就是消费者，就是顾客，是某种商品的现实和潜在消费者的集合；其次要从竞争的角度认识市场，市场是由众多竞争者构成的集合；最后要从市场体系角度认识市场，市场是由众多具有社会、经济联系的机构、组织、个人所构成的复杂体系。

本书中的"市场"，也主要是指市场营销学视角下的市场，即（体育产品的）所有现实和潜在的消费者的集合。这里的消费者既包括个人，也包括团体。

（二）市场营销

对市场营销概念的认识必须基于对市场营销发展实践了解的基础上。著名的管理学家彼得·德鲁克认为，市场营销始于17世纪的日本。1650年，日本三井家族的一名成员提出了市场营销的概念。过了250年以后，美国的西尔斯·罗巴克公司才提出类似的理论。在西方国家中，第一个把市场营销当作企业的中心职能，并把满足顾客需求当作管理的特殊任务的是美国国家收割机公司的麦克密克。他开发了现代市场营销的基本工具，包括市场研究与市场分析、市场定位观念、定价政策、向顾客提供零部件和各种服务、提供分期付款信贷等内容。到19世纪末，市场营销才开始进入美国学术界，学者们对其展开研究，发表和出版相关的论文和著作。到20世纪初，市场营销开始出现在美国大学的课堂里，成为学生们学习的一门课程。20世纪20年代后，资本主义国家爆发了严重的经济危机，厂家商品大量库存以致堆积如山，企业持续倒闭，工人纷纷失业，企业面临着严重的商品滞销问题。于是，许多企业家纷纷将挽救企业生命的希望寄托于经济学家，希望他们能够帮助解决商品销售的问题。在这种背景下，市场营销学才开始受到学术界的真正重视，于是各种不同的流派相继出现，逐渐形成了市场营销学的概念和理论体系。

关于市场营销的概念也有不同的观点，如美国市场营销协会在1985年指出，市场营销是计划和执行关于产品、服务和创意的观念、定价、促销和分销的过程，目的是完成交换并实现个人及组织的目标。美国著名市场营销学家菲利普·科特勒教授指出，市场营销是个人和群体通过创造并同他人交换产品和价值以满足需求和欲望的一种社会管理过程。国内学者纪宝成认为，所谓市场营销，就是在变化的市场环境中，旨在满足消费者需要、实现企业目标的商务活动过程，包括市场调研、选择目标市场、产品开发、产品定价、渠道选择、产品促销、产品储存和运输、产品销售、提供服务等一系列与市场有关的企业业务经营活动。吕一林等认为，市场营销是指组织在深入洞悉消费者需求及市场竞争特征的基础上，通过向消费者传递具有竞争优势的产品或服务，达成满足消费者需求并完成组织目标的过程。学者们关于市场营销的定义还有：市场营销就是如何将产品和服务成功地导入目标市场；市场营销就是动态的市场活动；市场营销就是在创造市场之优势与顾客的需要，进而作整体企划，将产品或服务成功地切入目标市场，并开发动态的市场推广活动；市场营销就是了解顾客的欲望与需要，千方百计地满足它，并且比竞争对手做得更好，在满足顾客需要、实现顾客利益的基础之上谋求企业的赢利与发展。

在综合上述观点的基础上，我们认为，市场营销是指将产品和服务成功地导入目标市场，满足顾客需要并实现企业发展的过程。

二、市场营销学的起源与学科性质

市场营销学一词译自"Marketing"，是20世纪初发源于美国的一门新兴学科。1905年，美国宾夕法尼亚大学开设了名为"产品市场营销"的课程；1912年，第一本以"Marketing（市场营销学）"命名的教科书问世于美国哈佛大学。20世纪50年代以来，美国的市场营销学又先后传入日本、西欧、中国台湾以及东欧和苏联等国家和地区，于20世纪80年代初开始传入中国内地。市场营销学是市场经济高度发展的产物，是买方市场全面形成和卖方市场激烈竞争的产物，它的内容体系将随着市场经济的进一步发展而不断丰富和完善。根据20世纪70年代对美国主要公司总经理的一次典型调查得出以下结论：任何企业的管理人员，如果没有市场营销学的知识，就不可能取得成功。20世纪90年代以后，市场营销学在我国学术界、企业界等迅速传播，现已广泛运用于我国企业的国内、国际经营活动中。在市场竞争日益激烈的今天，掌握市场营销学知识对管理者成功经营企业尤为重要。

学术界关于什么是市场营销学有许多定义。我们赞同的观点是：市场营销学是研究企业的市场营销活动及其规律性的科学。它不仅吸收了西方经济学、经济管理学和经济计量学的原理和技术，还借鉴了社会学、哲学、政治学、行为心理学、数学等学科的理论与方法，是一门综合性的应用经济学。美国著名市场营销学家菲利普·科特勒认为，市场营销学已经发展成为一门建立在经济科学、行为科学、现代管理理论基础之上的应用科学。

根据国内市场营销学者的观点，市场营销学具有以下主要特征：第一，应用性。市场营销学不仅研究市场的基本理论，而且着重研究企业的市场营销活动及其规律，目的在于为企业市场营销实践提供理论和方法的指导，因此具有应用性特征。第二，综合性。市场营销学是以经济学为基础，并融合了管理科学、行为科学、数学、统计学、心理学、社会学、哲学、政治学等多门学科的理论与方法，因此具有综合性特征。第三，实践性。市场营销学的理论都来源于企业市场营销实践经验，然后又指导企业市场营销实践，因此具有实践性特征。第四，艺术性。现实中的市场是千变万化、瞬息万变的，我们不能把市场营销学当作纯粹的理论教条来学习和使用，而应把它当作一门艺术科学在实践中灵活地运用，根据市场环境制订适合企业自身的营销战略和实施策略，因此具有艺术性特征。

三、市场营销学的核心概念

（一）需要、欲望与需求

需要是指人们感到某种缺乏而力求获得满足的一种状态，包括对食物、衣物和安全等的基本需要、对归属感和情感的社会需要、对自我实现的个人需要等。需要是人类自身所固有的，而不是营销人员创造出来的。人的需要是有层次的，首先是满足生存的基本需要，其次是满足归属感和情感的社会需要，最后是自我实现与发展的需要。

欲望是由需要派生出来的一种形式，受到社会文化和个性的限制，它是人类需要在受文化和个性影响后的表现形式。在需要基础上演化出来的欲望是无限多样的，随着经济社会的发展，人们的欲望会变得日益多样化和复杂化。以体育运动为例，人们在想要参与体育运动时，有的人选择健身、有的人选择跑步、有的人选择打篮球、有的人选择踢足球、有的人选择游泳，还有的人选择高档次的高尔夫，不同的人有着不同的运动欲望。

一般来说，人们的欲望几乎是无限的，所谓"欲壑难填"指的即是这个意思。当考虑到支付能力的时候，欲望就转变成了需求。需求是指有购买力的欲望。只有需求才意味着具有现实的市场营销机会。市场营销的主要任务恰恰就是深入了解和分析顾客的需求，开发相应的产品和服务，从而满足顾客的需求。人的需求也是有层次之分的，人只有满足最基本、最低级的需求，才能进入下一层次的需求。马斯洛将人的需求分为五个层次，从低到高依次为生理需求、安全需求、归属需求、尊重需求及自我实现的需求。需求层次理论对于市场营销工作的有效开展具有积极的启示作用，在实践中，企业营销人员需要根据消费者的需求层次有针对性地开展市场营销工作。

（二）产品与服务

产品在市场营销活动范围内是指能够提供给市场用来满足需求和欲望的任何事物。产品属于市场营销的客体，消费者属于市场营销的对象，市场营销的主要任务就是要通过有效途径将产品导入市场，传递到消费者的手中。我们通常将实体物品称为产品，无形物品称为服务。狭义上的产品是指实体物品，广义上的产品则是实体物品与服务的总和。

（三）价值、顾客满意与质量

在市场营销学中，价值是消费者所获的利益与付出的成本之间的比率。消费者所获的利益包括官能利益和情感利益，所承担的成本包括金钱成本、时间成本、精力成本和精神成本。价值的计算公式如下：

价值=利益/成本=（官能利益+情感利益）/（金钱成本+时间成本+精力成本+精神成本）

产品能够给顾客带来某些方面的利益，就是产品的价值所在。对于消费者而言，价值最大化是其作出消费选择的重要依据。因此，企业应将实现消费者的价值最大化作为市场营销的一个主要目标。

顾客满意是指顾客通过对一个产品的可感知的效果与他的期望值相比后所形成的愉悦或失望的感觉状态。满意取决于顾客对产品的感知使用效果，与顾客的期望值密切相关。如果感知使用效果低于期望值，顾客就会不满意；如果感知使用效果与顾客期望一致，甚至高于期望值，顾客就会满意。要实现顾客满意，至少需要做到两点：一是确保产品质量，高质量的产品是顾客满意的前提；二是对产品性能进行适度的广告宣传，杜绝言过其实的夸张甚至虚假宣传。

质量是指与一种产品满足顾客需要的能力有关的各种特色和特征的总和。从现代市场营销来看，质量是针对顾客而言，而不是针对产品，全面质量管理就是实现顾客的全面满意。也就是说，企业要根据消费者的需要设计产品质量，以满足消费者需要、确保消费者满意为基准。

（四）交换、交易与关系营销

交换是指从他人处取得想要的物品，同时以某种物品作为回报的行为。市场营销活动产生于交换。市场营销者向消费者提供产品或服务，目的在于欲从消费者处获取销售额、消费者满意及对品牌的认可等回报。

交易是市场营销的度量单位，指的是买卖双方价值的交换过程。在市场营销学中，交易通常包括以下构成要素：一是至少有两个有价值的物品；二是买卖双方都同意的条件；三是确定的时间与地点；四是一个支持和保护交易的法律制度，即交易规则。

关系营销是指企业除了进行短期交易外，还必须与有价值的顾客、供应商、分销商等营销关键成员建立长期、有效的关系，使企业保持长期的经营业绩，从而实现企业健康发展。关系营销通过在各方之间建立巩固的经济、技术、社会联系，可以大大降低交易成本和时间。关系营销意味着企业不能把市场营销工作停留在与消费者的交易层面，而需要有长远的战略眼光，制订科学的市场营销战略，从战略层面与企业的各类关系建立稳定的联系机制，切实维护各类关系（尤其是消费者）的利益，进而实现企业自身的可持续发展。

（五）竞争与协同

由于同一类产品存在多个生产者，因此市场竞争是客观存在的。而这恰恰是市场营销产生的缘由。如何让消费者选择并钟情于本企业所提供的产品或服务，在很大程度上取决于能否较其他竞争者为消费者提供更为优质的产品或服务。企业一方面要较竞争者更深入地理解市场和消费者价值所在；另一方面要在辨析市场竞争态势的基础上构建自身的市场竞争优势，明确市场竞争定位。协同指的是企业内部不同部门以及企业与其外部供应商、分销商等合作者有效合作的过程。协同发展取决于企业的制度与文化建设。建立现代企业管理制度，实行科学管理，便于企业各部门之间的沟通与协作，也利于与外部合作者之间相关工作的有效开展。精神文化是企业文化的内核，对于对内增强企业凝聚力、对外树立企业形象具有积极意义。

（六）市场营销者与市场营销对象

市场营销者是希望从别人处取得东西并愿意以某种有价值的东西作为交换的一方。于是，市场营销者可以说是卖方也可以是买方。因为我们是站在企业的角度研究市场营销，所以将企业视为市场营销者，而将顾客视为市场营销对象。市场营销工作就是市场营销者通过有效方式将产品传递给市场营销对象的过程。

第二节　体育市场与体育市场营销

了解体育市场及体育市场营销的起源与定义是探讨体育市场营销学学科性质的起点。本节主要阐述体育市场及体育市场营销的起源与定义，并对体育市场营销的相关概念进行解释。

一、体育市场概述

（一）体育市场的起源

体育市场于20世纪60年代初期开始出现在美国等西方发达国家。有学者认为其基本动因是源于"体育也是表演"的理念。随着运动员的商业价值逐渐被社会认可，可以而且应当参与市场交换并通过自身卓越的表演获取相应的报酬和奖励时，体育运动实质上已经悄然进入经济领域。随着西方发达国家"第二奥林匹克运动"的出现、现代奥运会商业运作的成功以及职业体育的蓬勃发展，体育市场显现出了巨大的潜力。我国体育市场于20世纪90年代初露端倪，随着经济社会的持续发展及城市化进程的加快，体育市场的规模不断增大，吸引了越来越多的国内外企业投资我国体育领域。

（二）体育市场的定义

学术界关于体育市场的定义有许多种。有学者认为，体育市场从本质上讲是指对体育产品和服务以及生活产品和服务进行交换和推广的市场，具体包含两层含义：第一，体育市场是对运动员、运动品牌、运动理念、运动性表演和服务予以推广和销售的市场；第二，体育市场是指对与民众生活息息相关的其他商业产品和服务予以推广和销售的市场。有学者认为，体育市场有广义和狭义之分，广义的体育市场指的是因体育而产生的所有商业活动，狭义的体育市场指的是进行体育商品交换的场所。而如果从市场营销的角度看，体育市场是指以商品形式向人们提供体育产品或对体育物质产品和劳务进行交换的场所与交换关系，其也包含两层含义：第一是把体育作为商品进行销售；第二是企业通过体育进行市场营销。

我们也主要是从市场营销学的角度界定体育市场，所谓体育市场指的是所有现实和潜在的购买体育产品的消费者的集合。这里的消费者既包括个体，也包括各类组织机构。

（三）体育市场的分类

学术界关于体育市场的分类有不同的观点，比较有代表性的主要有以下两种：

一是从体育产业构成的角度将体育市场分为三大类：①核心产业市场，包括健身娱乐市场、竞赛表演市场、体育培训市场、体育博彩市场等；②中介产业市场，包括体育中介市场、体育媒体市场等；③外围产业市场，包括体育用品市场、体育旅游市场、体育保险市场、体育医疗市场等。

二是从构成体育市场的基本要素的角度把体育市场划分为三部分：①体育市场主体结构，具体可以分为体育娱乐健身中心、职业体育俱乐部、新闻媒体、赛事组委会、运动协会和体育行政部门或其他非营利性体育组织、体育人才交流中心、体育与教育行政部门和其他事业单位、有关劳务和信息知识的咨询转让机构和单位、体育中介机构、个人以及家庭等；②体育市场客体结构，包括体育产品市场（可以分为体育竞赛表演市场、体育健身娱乐市场）和体育要素市场（可以分为体育人才市场、体育资金市场、体育技术市场、体育培训咨询市场、体育无形资产市场、体育信息市场）；③体育市场空间结构，可以分为区域性体育市场、全国性体育市场和世界性体育市场。

不同的分类方式有助于加深我们对体育市场的认识。结合体育产品的性质及我国体育产业的发展现状，本书主要讨论体育健身娱乐、体育竞赛表演、体育经纪、体育场馆、体育旅游、体育彩票等的市场营销问题。

二、体育市场营销概述

（一）体育市场营销的起源

体育作为一种营销载体，可以追溯到古罗马的竞技场。然而，作为现代营销手段，体育营销的运用时间很短。1900年巴黎举行第二届现代奥运会的同时还举办了博览会，可以说是众多企业首次大规模举行的一次体育营销活动。20世纪60年代初期，具有现代意义的以运动员、运动队和运动会为载体进行市场推广的技术——体育营销应运而生。可以说，现代意义上的体育市场营销源于20世纪60年代初期体育市场的出现。正是由于出现了体育市场，体育市场主体就要考虑如何采取有效方式将体育产品传递给消费者，体育市场营销随之产生。

（二）体育市场营销的定义

关于体育市场营销的定义，国内外学术界也有多种界定方式，在此主要撷取几种主要观点予以介绍。

Matthew D.Shank指出，体育营销是指把营销原理和过程专门运用到体育产品和那些借助于体育来营销的非体育产品上。Matthew D.Shank的观点比较简练，即体育营销就是把市场营销的相关理论应用到体育领域的过程。

McCarthy和Perreault认为，体育营销由两个概念组成：一是从宏观层面来考虑体育营销，即考虑影响整个体育产业的外部力量，从而使企业获得竞争优势；二是从微观层面定义体育营销，包括公司为了获得和留住客户而进行的一系列活动，这些活动包括需求预期、决定生产什么产品、开发和设计产品、包装、定价、制订信用和收现政策、确定运输和存货需要、决定什么时候以何种方式为产品做广告和销售、制订售后服务计划、质量保证和产品处理计划等。McCarthy和Perreault对于体育营销的定义比较全面，既从宏观、微观层面进行了阐述，又较详细地提出了体育营销的具体方法和过程。

国内学者赵长杰认为，体育市场营销是指为满足体育消费者的需求而进行各种活动的一种交换过程，包括两个方面：一是向消费者提供直接的体育产品和服务；二是以体育为媒介间接地向消费者宣传其他产品的质量和功效。叶剑认为，体育营销是一种战略，是依托于体育活动，将产品和体育相结合，把体育文化和品牌文化相融合以形成特有企业文化的系统工程。其包括两个方面含义：一方面以体育为主体的体育营销，即发现体育项目的参与者和体育观众的兴趣并为他们开发相应的产品或服务，让目标消费者接纳从而实现其价值；另一方面是以企业为主体的体育营销，即企业借助体育去营销产品和服务，让企业和消费者通过体育产生共同的焦点，带动品牌和产品形象的提升，使产品和服务更好地满足现实和潜在的需求。可见，国内两位学者对于体育市场营销的定义有些相似，都认为体育市场营销包括两方面内容：一是对体育产品本身的营销；二是其他企业以体育为媒介所进行的产品营销。

综合上述观点，结合体育市场的性质，我们认为：体育市场营销是指将体育产品成功地导入目标市场，满足顾客需要并实现体育市场主体发展的过程。这里的体育产品主要是服务产品，如体育健身娱乐、体育竞赛表演、体育经纪、体育场馆租赁、体育旅游等。体育市场主体不仅包括体育企业，还包括体育社会组织、体育赛事组委会、运动队等各类体育组织。

三、体育市场营销的相关概念

（一）体育产业

关于什么是体育产业也有不同的定义。我们较为赞同的观点是：体育产业就是指从事体育劳务（或服务）生产和经营，以满足人们体育娱乐、健身需要的体育部门和机构的活动。也即体育产业就是提供体育劳务（或服务）这种非实物形式的特殊消费品的产业部门。而生产运动服装、运动鞋、运动器材等体育实物消费品的部门属于与体育有关的产业。该定义符合产业经济学的理论，因为从产业的划分来看，体育产业属于第三产业，即服务业。

（二）体育产品

关于体育产品的界定，学术界主要有两种观点：一是体育产品实物与非实物形态说；二是体育产品非实物形态说。从产业经济学和逻辑学的角度来看，应将体育产品定位为体育服务和劳务产品。体育产品主要包括两种形态：一是生产和提供各类可供观赏的人体运动动作组合服务产品（含各种技术、战术）；二是提供人们通过一定身体运动提高身体的机能、心理水平，实现"再生产"能力提升的服务产品。而各种体育场、馆、池以及各类体育设备、器械，各类体育用品等是生产上述两类体育产品的投入品。本书中的体育产品主要指的是体育服务产品，不过外延要较上述定义稍宽，主要包括体育健身、体育赛事、体育经纪、体育场馆租赁、体育旅游、体育彩票等形式的产品。

（三）体育消费

体育消费主要是指那些直接从事体育活动的个人消费行为。广义上的体育消费包括购票观看体育比赛、体育表演，参加体育健身与体育培训以及购买运动器材、健身器材、运动服装等。狭义上的体育消费对应于体育产品的定义，主要是指购买体育服务产品的消费行为。体育消费不属于满足于生存消费的基本层次，而是处于较高层次的发展及享受型消费的范畴。

（四）体育赞助

国内体育产业专家谭建湘教授主编的《体育经纪导论》中将"体育赞助"界定为：体育赞助是指以体育为题材、以支持和回报为内容、以利益交换为形式以达成各自组织目标的一种特殊的商业行为。对体育组织、机构和个人（运动员、教练员等）而言，体育赞助是开发自己拥有的体育无形资产的商业行为；对企业而言，体育赞助是企业营销的一种有效方式。目前，大型体育赛事是企业体育赞助的主要对象，尤其是现代奥运会的巨大影响力将体育赞助的魅力演绎到极致，让越来越多的企业认识到体育赞助对企业品牌推广、产品销售及竞争力提升的独特价值。

（五）体育经纪

谭建湘教授将"体育经纪"界定为：指体育组织或个人为实现体育产品或服务的交易行为充当媒介而形成的居间、行纪或代理等活动的总称。现阶段我国体育经纪大致可以分为以下几类：一是运动员经纪；二是体育赛事经纪；三是体育组织经纪。近年来，随着大中型体育场馆的改制以及社区、商业等小型体育场馆的兴建，体育场馆经纪存在很大的市场空间。

第三节 体育市场营销学的学科性质与研究方法

本节在借鉴市场营销学的相关理论基础上，阐述体育市场营销学的学科性质与研究方法。

一、体育市场营销学的学科性质

体育市场营销学主要是运用市场营销学的理论与方法，研究将体育产品导入目标市场，从而满足消费者需求并实现体育市场主体自身发展的活动及其规律的科学。它既是体育科学的应用学科，也是市场营销学的分支学科。本书主要关注体育健身娱乐业、体育竞赛表演业、体育经纪业、体育场馆业、体育旅游业、体育彩票业等体育产业领域的市场营销活动。

二、体育市场营销学的研究方法

参照市场营销学常用的研究方法，体育市场营销学可以采用的研究方法主要包括以下五种。

（一）产品研究法

这种方法是对各类体育产品的市场营销活动进行专门的分析研究，如体育健身产品、体育赛事产品、体育旅游产品等。由于各类体育产品具有不同的特性，有必要探索各种体育产品的市场营销活动规律和特征，分别采取差异化的营销策略，从而达到理想的营销效果。

（二）机构研究法

这种方法主要是分别研究不同体育产品或服务的生产机构的市场营销活动，如商业健身俱乐部、职业体育俱乐部、赛事组委会、体育经纪公司、体育场馆等。

（三）职能研究法

这种方法主要是研究体育市场主体在不同市场营销环节中的具体活动，如在体育产品的采购、生产、定价、促销、广告、融资等环节所采取的各种营销策略。

（四）历史研究法

这种方法主要是从纵向的角度考察体育市场主体在不同的历史发展时期所采取的市场营销活动，有助于比较体育市场主体在不同发展阶段的市场营销战略和具体策略，分析变化发展的原因，并试图找出体育市场营销活动的内在规律及发展趋势。

（五）决策研究法

这种方法是从管理决策的角度研究体育市场营销问题，也称为管理研究法。从管理决策的角度看，体育市场营销活动会受到外部因素（经济社会发展环境及市场环境等）以及内部因素（如营销手段、现有资源、发展目标等）的影响。体育市场主体在开展市场营销活动时需要综合考虑各种内外部因素的综合影响，科学安排市场营销组合，选择最佳的市场营销方案，从而达到提高市场营销效果的目标。

本章小结 ── 本章首先阐述了市场营销学的起源、学科性质及核心概念。市场营销学是研究企业的市场营销活动及其规律性的科学，具有应用性、综合性、实践性、艺术性等特征。其次，探讨了体育市场及体育市场营销的起源与定义。再次，解释了体育市场营销学的相关概念，包括体育产业、体育产品、体育消费、体育赞助、体育经纪等。最后，阐释了体育市场营销学的学科性质与研究方法。体育市场营销学主要是运用市场营销学的理论与方法，研究将体育产品导入目标市场，从而满足消费者需求并实现体育市场主体自身发展的活动及其规律的科学。它既是体育科学的应有学科，也是市场营销学的分支学科。体育市场营销学的研究方法包括产品研究法、机构研究法、职能研究法、历史研究法、决策研究法等。

回顾与练习

1.市场营销学的学科性质是什么？

2.什么是体育市场及体育市场营销？

3.什么是体育产品？

4.体育市场营销学的学科性质是什么？

5.体育市场营销学的研究方法包括哪些？

第二章
体育市场营销战略

【学习任务】

通过本章的学习，学生应了解市场营销战略及体育市场营销战略的定义；掌握体育市场营销战略制订的步骤；熟悉体育市场营销管理的过程。

【学习目标】

● 能够解释市场营销战略及体育市场营销战略的定义。

● 能够阐述体育市场营销战略制订的步骤。

● 能够掌握体育市场营销管理的过程。

【学习地图】

市场营销战略→体育市场营销战略规划→体育市场营销战略管理

凡事预则立，不预则废。体育市场营销也如此。由于体育市场竞争日益激烈，市场环境千变万化，体育市场主体对于市场营销工作的开展如果没有长远的谋划，势必在实际工作中会出现目光短浅、头痛医头脚痛医脚的现象，市场营销的效果会大打折扣。综合考虑体育市场环境及发展趋势、体育市场主体的资源状况及发展目标等多种因素，科学地制订体育市场营销战略，对于有效开展体育市场营销工作至关重要。本章在对市场营销战略及体育市场营销战略进行概述的基础上，阐述了体育市场营销总体战略的制订步骤及体育市场营销活动的管理过程。

第一节　市场营销战略与体育市场营销战略

一、市场营销战略

"战略"一词原为军事战争术语。《辞海》中对战略的解释是，"对战争全局的筹划与指导"或"泛指重大的、带全局性或决定全局的谋划"。关于"企业战略"，国内外学者有诸多定义。国外学者关于企业战略的定义主要有：迈克尔·波特认为，企业战略是企业为其奋斗的一些终点目标与企业为实现他们而寻求的方法策略的混合物；大卫·戴维认为，企业战略是企业实现长期目标的方法；安索夫认为，企业战略是贯穿于企业经营与产品和市场之间的一条共同经营主线；菲利普·科特勒认为，公司需要一个达到其目标的全盘的、总的计划，即是企业战略，涉及的是公司如何利用其不断变化的环境中的机会的问题。国内学者关于企业战略的定义主要包括：企业战略是企业如何实现其目标和使命的总体规划；企业战略是有关企业整体生存和发展的重大的、带有全局性或决定全局的谋划，它决定着企业的经营目标、方向以及各种竞争性经营活动；企业战略是企业为实现特定目标从而谋求自身发展而设计的带有全局性和长远性的行动纲领方案；企业战略是指企业为了实现各种特定目标以求自身发展而设计的行动纲领或方案，它具有全局性、长远性和方向性的特点，其实质是预计和评价市场营销环境中即将来临的发展，并预先决定怎样最好地去迎接这种发展以及从这种发展中获取尽可能多的利益。企业战略的一个核心思想是使企业目标与市场机会相匹配，使企业营销活动与市场环境的变化相协调。可见，尽管上述对企业战略定义的表述方式不一，但在本质上比较类似。综合上述定义，我们认为，企业战略就是企业为了实现发展目标而制订的全局性、长远性的总体规划。

市场营销战略是企业战略的重要组成部分，属于职能战略的范畴。有学者认为，市场营销战略是指企业在确定的总体战略指引下，根据市场等环境及自身条件的动态变化趋势，对企业市场营销工作作出的全局性谋划。企业市场营销战略涉及三种力量的相互作用，即营销战略3C：顾客（Customer）、竞争者（Competitor）与企业自身（Corporation）。还有学者指出，市场营销战略是在已确定的业务经营范围之内，由企业的市场营销部门按照企业战略中已经规定的任务、目标、增长策略和产品投资组合的特点，从外部环境中去分析评价各种产品业务增长的市场机会，结合企业经营各种产品的资源状况，综合考虑各项影响因素而制订的各种产品的市场营销策略。

我们认为，市场营销战略就是企业在总体战略规划的指导下，为了实现企业经营目标而对市场营销工作所作的全局性、长远性的规划。市场营销战略是企业市场营销的行动纲领和总体方案，对企业市场营销工作的开展具有指引作用。

二、体育市场营销战略

在经济全球化的背景下，体育全球化进程不断加快，国外体育健身娱乐业、体育竞赛表演业、体育经纪业等诸多领域的体育企业纷纷强势进入国内市场，对发展尚不成熟的国内许多体育企业造成了巨大的竞争压力。此外，随着我国体育产业的不断发展，各类体育企业如雨后春笋般涌现，国内体育市场竞争相当激烈。我国体育企业要想在竞争激烈的市场中占有一席之地，必须科学地开展市场营销工作，其中市场营销战略的制订至关重要。

体育市场营销战略是指营销部门在体育市场主体总体战略的框架下，综合考虑外部环境及自身条件等因素，对体育市场营销工作所作的全局性、长远性的规划。参照市场营销学的相关理论，体育市场营销战略的制订至少有五点重要意义：一是能够获得有关体育新产品和新市场机会的启迪；二是能够评估每一个市场机会以及体育市场主体是否有足够的能力来利用这一市场机会；三是为每一个新机会制订详尽的市场营销计划和方案；四是制订市场营销组合策略，包括产品、价格、分销和促销等，为体育市场营销工作的开展提供直接的指导；五是便于及时掌握和监督体育市场营销计划的执行情况。

第二节　体育市场营销战略规划

参照市场营销学的相关理论，体育市场营销战略规划的制订包括四个步骤。

一、明确体育市场主体使命

明确体育市场主体使命是体育市场营销战略规划的前提。如前所述，这里的体育市场主体不仅包括体育企业，还包括体育社会组织、体育赛事组委会、运动队等各类体育组织。

体育市场主体使命是指体育市场主体的目标、任务和性质。在市场营销中，界定企业使命需要明确几个问题：企业经营的业务是什么？目标顾客是谁？顾客最需要什么？本企业未来经营的业务是什么？在明确体育市场主体使命时也需要考虑这几个问题：第一，体育市场主体首先需要确定经营的业务是什么。有的市场主体可能只经营单项业务，如商业健身俱乐部主要经营健身产品，体育培训机构主要提供体育培训服务；而有的市场主体可能有多项业务，如大型体育健身企业不仅经营健身产品，还提供场馆租赁、体育培训等，体育赛事组委会不仅要销售门票，还要出售赞助权、电视转播权、特许商品等。第二，体育市场主体需要考虑目标顾客主要包括哪些。不同的体育市场主体需要考虑的目标顾客也不一样，如体育赛事组委会的目标顾客不仅包括观众，还包括电视台、网络等媒体、赞助企业等；中高档商业健身俱乐部的目标顾客主要包括具有较高社会地位的中青年人，等等。第三，要考虑顾客最需要什么，也即作为市场主体能为顾客提供哪些服务。如顾客去商业健身俱乐部期望得到专业的健身服务、舒适的健身环境等；赞助企业赞助赛事期望得到满意的回报；观众购买赛事门票期望看到精彩的比赛，等等。体育市场主体要从满足消费者效用最大化的角度出发提供高质量的产品和优质的服务。第四，体育市场主体尤其是体育企业要考虑未来的经营业务。如当前体育健身企业需要考虑如何利用互联网拓展业务，同时要对传统的经营模式进行反思以探索新的经营模式；体育场馆要在传统业务的基础上根据市场需求进行业务拓展；体育赛事组委会要进一步开发赛事无形资产，等等。

根据市场营销学的相关理论，明确体育市场主体使命需要考虑以下因素：一是体育市场主体的历史和文化。这一点对于体育赛事组委会及体育企业（尤其是职业体育俱乐部）而言更为重要。二是体育市场主体所有者及管理者的偏好。不同的所有者和管理者由于各自的价值观念及市场判断有着不同的发展偏好，直接决定了体育市场主体的使命。三是体育市场主体的环境。经济社会发展水平及政府政策、市场环境等因素直接影响到体育市场主体的使命。当前，全民健身上升到了国家战略的高度，这意味着体育健身产业具有广阔的发展空间。四是体育市场主体的资源状况。体育市场主体自身资源的多寡也决定着使命的确定，资源丰富的市场主体可以多方面、多层次拓展市场空间，而资源贫乏的市场主体其使命范围也相当有限。五是体育市场主体核心能力和优势。核心能力和优势是体育市场主体在激烈的市场竞争中获得成功的关键所在。每一个体育市场主体都需要提炼自身的核心能力和优势。

企业使命说明书包括的要素一般有：企业活动领域，企业主要政策，企业远景及发展方向。体育市场主体在制订使命说明书时也要从以上三个方面进行具体考虑。

二、建立战略业务单位

业务实际上就是顾客满足的过程。美国学者阿贝尔认为可以从三个方面界定企业的业务：第一，企业所要服务的顾客群，即明确市场类型；第二，企业所要满足的顾客需要；第三，企业用以满足顾客需要的技术和方法，即明确适宜的产品类型和产品服务形式。为了从总体战略进行管理，需要对企业的各项业务从性质上进行分类，划分为不同的战略业务单位。战略业务单位划分的主要依据是"共同的经营主线"，即几项业务之间在目前的产品、市场与未来的产品、市场之间存在内在的联系。一般来说，战略业务单位具有以下特征：第一，它是一项独立业务或相关业务的集合体，但在计划过程中可以与企业其他业务分开进行，如某个大型体育俱乐部的各个项目（羽毛球、游泳、跆拳道等）就分别是不同的业务，需要制订不同的营销计划。第二，它有自己的竞争者，同样大型体育俱乐部的各个项目都有各自的竞争对手（如市场上的各项目俱乐部）。第三，它有专门的管理者负责战略计划、利润业绩，并掌握影响战略计划的重要资源，如大型体育俱乐部应根据各个项目设置专门的管理者，并根据战略计划合理分配资源，赋予管理者相应的权责和使命，为其独立自主地开展营销工作创造条件。

在明确体育市场主体使命的基础上，为了实现发展目标，需要对体育市场主体的各项业务进行归类，根据业务性质建立具体的战略业务单位，以便于有针对性地开展市场营销工作。当然，对于规模小、业务单一的体育市场主体（如羽毛球馆、跆拳道馆、游泳馆、小型健身房等）而言，一般只有一个战略业务单位。但是，即便是这些规模小的体育企业也应该拓展业务空间，设立至少两个战略业务单位，如可以设立个人业务部、团体业务部，或设置业务拓展部与其他单位合作开展相关业务。对于体育赛事组委会来说，可以设置门票业务部、赞助业务部、媒体业务部等战略业务单位；对于体育经纪公司来说，可以根据经纪对象设置相应的战略业务单位，如运动员经纪部、运动队经纪部、体育赛事经纪部等；对于商业健身俱乐部来说，可以设置会员部、私教部、战略合作部等业务单位，等等。

此外，建立战略业务单位还要注意两个主要问题：一是坚持需求、顾客导向而不是产品、技术导向，即体育市场主体要了解市场需求，以最大限度地满足市场需求为建立战略业务单位的出发点；二是应当切实可行而不要内容庞杂，否则会失去共同的经营主线，即战略业务单位所包含的业务要具有共同特点，考虑体育产品的性质，体育战略业务单位最好以单一产品作为主要设置依据。

三、规划业务投资组合

规划业务投资组合的方法一般有两种，包括波士顿咨询公司模型及通用电气公司模型。通用电气公司模型是波士顿咨询公司模型的发展，考虑体育市场主体的特征，这里主要介绍波士顿咨询公司模型。我们主要参考吕一林、岳俊芳主编的《市场营销学》中对其的具体介绍。波士顿咨询公司模型是由美国著名管理咨询公司——波士顿咨询公司提出。该公司建议企业用"市场增长率——市场占有率矩阵"来分析和评价企业的所有战略业务单位，模型如图2-1所示。

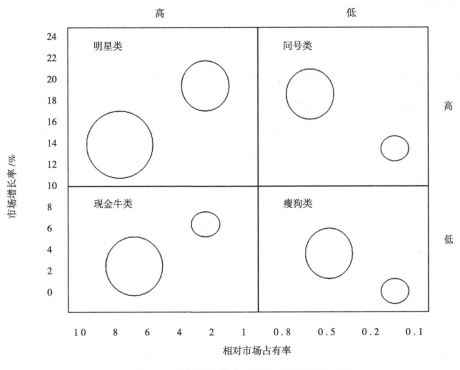

图 2-1　波士顿咨询公司业务投资组合模型

在矩阵中，纵坐标代表市场增长率，即企业一定时期销售业绩增长的百分比，以年为单位。市场增长率以10%为界，高于10%为高增长率，低于10%为低增长率。横坐标代表相对市场占有率，即各战略业务单位的市场占有率与其最大竞争者的市场占有率之比。假设某战略业务单位的相对市场占有率为0.5，说明其市场占有率为最大竞争者的50%；若某战略业务单位的相对市场占有率为2，说明其市场占有率为最大竞争者的2倍，可以算是市场的领导者。相对市场占有率以1为界，高于1为高相对市场占有率，反之则为低相对市场占有率。矩阵中的圆圈代表企业的所有战略业务单位，圆圈的位置表示各单位的市场增长率和相对市场占有率的状况，圆圈的面积表示各战略业务单位销售额的大小。

该矩阵把所有业务分成以下四种类型：

（1）问号类。即市场增长率高、相对市场占有率低的业务。由于这类业务的市场前景尚不明确，企业在作经营决策时要仔细研究，慎重考虑。

（2）明星类。即市场增长率和相对市场占有率均高的业务。这类业务处于迅速增长阶段，企业为了支持其发展需要投入大量的人力、财力和物力。

（3）现金牛类。即市场增长率低、相对市场占有率高的业务。一般来说，当明星类业务的市场增长速度减缓至10%以下，但仍然占有较高的相对市场占有率时，它便成为现金牛类业务。此时，市场增长率下降，企业不再需要大量投入资源。由于它相对市场占有率高，销售业绩好，从而能给企业带来现金收入。

（4）瘦狗类。即市场增长率和相对市场占有率均低的业务。这类业务处于衰退期，企业只能从中获取微利或仅仅保本甚至会亏损。

在对各战略业务单位进行分析后，企业应制订相应的业务组合计划，确定对各个经营单位的投资战略，一般而言，有以下四种战略可供选择：

（1）发展。这种战略是要设法提高战略业务单位的市场占有率，甚至可放弃短期利益，适用于问号类业务，结合有效的促销组合，使其尽快转化为明星类业务。

（2）维持。即维持战略业务单位的市场占有率。适合于现金牛类业务，特别是利润丰厚的大现金牛。

（3）收割。不考虑长期效益，尽可能追求短期利润。适合于弱小的现金牛类业务，也适合于计划放弃的问号类和瘦狗类业务。企业可以通过减少投资、减少促销费用的方式实行收割。

（4）放弃。即对该类业务的现有产品进行清理、变卖，将资源转移到其他经济效益好的产品，适合问号类和瘦狗类业务。

体育市场主体在制订市场营销战略规划时要对各项业务的市场增长率及市场占有率进行仔细分析，准确确定各战略业务单位的类型。对于问号类和瘦狗类业务要根据市场环境、市场前景及自身的发展使命等因素进行综合考虑，寻找制约其发展的因素，再考虑是否采取收割、放弃或继续经营的战略。对于明星类业务要重点经营，作为重要的战略业务予以大力投资。对于现金牛类业务要悉心维护，努力维持其市场占有率。

四、规划成长战略

体育市场主体在对现有战略业务单位进行规划的同时，要根据自身的资源状况及市场环境的变化趋势发展一些新的业务单位。参照企业规划成长战略，体育市场主体有以下三种成长战略可以选择。

（1）密集型成长战略。即体育市场主体在现有的业务领域寻找新的发展机会。这种战略有三种形式：一是市场渗透，即扩大现有体育产品在市场上的销售量；二是市场开发，即努力使现有体育产品进入新的市场，如商业健身俱乐部在中青年人市场的基础上再开发老年人及青少年市场；三是产品开发，即在现有市场上通过改进原产品或开发新产品，如体育赛事组委会开发新的赛事赞助方式、体育培训机构开发新的培训项目、体育场馆开发新的租赁项目。

（2）一体化成长战略。即建立或收购与目前体育市场主体业务有关的业务。企业一体化成长战略也有三种形式可供选择：一是后向一体化，即通过收购或兼并供应商，拥有或控制其供应系统，实现供产一体化；二是前向一体化，即企业通过收购或兼并销售商，拥有或控制其分销系统，实现产销一体化；三是水平一体化，即企业通过收购或兼并其他同类企业，或与其他同类企业合资生产。鉴于体育产业的特殊性，体育市场主体可以采取的一体化成长战略主要是水平一体化战略，如体育培训机构收购或兼并其他体育培训机构、商业健身俱乐部收购或兼并其他商业健身俱乐部、体育经纪公司收购或兼并其他体育经纪公司等。

（3）多样化成长战略。即增加与体育市场主体目前业务无关的富有吸引力的业务。该战略主要有三种形式：一是同心多样化，即利用现有技术、特长和经验，发展与现有产品近似的新产品，扩大业务领域，如商业健身俱乐部在传统健身产品的基础上开发运动康复产品。二是水平多样化，即针对原有市场采用不同的技术发展新产品，增加产品种类，如女子健身俱乐部为其会员开设新的课程（瑜伽、普拉提等）。三是综合多样化，即发展与现有产品、技术和市场无关的新产品，吸引新顾客，如商业健身俱乐部创办健身大赛，开发新的体育健身赛事产品和市场。体育市场主体需要综合考虑产业发展趋势、市场现状、自身资源状况及发展目标等因素，考虑是否增加新的业务以及如何开展新业务。

第三节　体育市场营销管理过程

市场营销管理过程是指企业通过市场营销管理系统发现、分析、选择和利用市场营销机会，以实现企业任务和预期目标的过程。参照市场营销管理过程，体育市场营销管理过程主要包括发现和评价市场营销机会、研究和选择目标市场及市场营销管理三个方面的内容。

一、发现和评价市场营销机会

市场营销机会是企业开展经营活动的内容和领域，即市场上未满足的消费需求，或者说是未被满足的市场领域。发现和评价市场营销机会是体育市场营销的首要任务，包括以下步骤。

（一）分析环境机会

现代体育市场主体处于瞬息万变的营销环境中，必须密切注视各种发展和趋势。体育市场营销的环境机会主要有：一是西方发达国家体育产业发展现状，从中发现市场机会；二是国家体育产业发展政策，如当前全民健身战略的实施意味着体育健身产业具有很大的市场空间，体育赛事资源的社会化也意味着体育竞赛表演业有很多市场机会等；三是体育市场环境，包括当前国民体育价值观、体育消费理念、体育消费能力等。

（二）寻找、发现市场机会

市场上总是会出现未被满足的体育需求以及未被很好满足的体育需求，在变化中不断寻找和预见这些体育需求，就是寻找体育市场机会。寻找、发现体育市场机会的一个重要途径是体育市场调研，通过体育市场调研了解消费者对现有体育产品的意见和建议以及潜在的体育消费需求，从而发现体育市场机会。

（三）评价与确定营销机会

市场机会与营销机会是有差别的。营销机会是指对体育市场主体的营销活动具有吸引力的，在此能享有优势和差别利益的环境机会，也即体育市场主体有意愿也有能力把握的体育市场机会，并能够将其落实到现实的市场营销工作中。体育市场主体要对各种市场机会进行认真分析和评价，从中确定适合自身发展的体育市场营销机会。

二、研究和选择目标市场

（一）制订目标市场战略

制订目标市场战略包括两部分内容：一是确定目标市场；二是市场定位。确定目标市场是指营销企业在市场细分的基础上，选择一个或多个细分市场部分作为自己服务对象的过程。市场定位就是在营销过程中把自己的产品确定在目标市场上的一定位置上。制订目标市场战略是体育市场主体开展市场营销工作的关键步骤。无论是商业健身俱乐部、职业体育俱乐部、体育培训机构、体育场馆还是赛事组委会等，都必须根据业务性质确定明确的目标市场，并进行精确的市场定位，从而确保市场营销工作的开展具有针对性与实效性。

（二）制订营销组合

营销组合是企业用来在目标市场实现营销目标的一整套营销工具。美国的尼尔·鲍敦在20世纪60年代首次提出营销组合的概念。随后，麦卡锡把它们归结为"4Ps"，即产品（Product）、价格（Price）、地点（Place）、促销（Promotion）。此后学术界在4Ps的基础上不断提出了新的P，如国际营销领域提出了6Ps，在4Ps的基础上增加了政治势力（Political Power）和公共关系（Public Relations）。服务营销领域又提出了7Ps，在4Ps的基础上增加了人（People）、有形展示（Physical Evidence）和流程（Process）。

20世纪90年代以后的整合营销对传统的4Ps提出了全面的变革，认为应该用4C替代4Ps。4C营销理念认为，企业不要总是考虑自己的"商品（Product）"，而应该去研究"消费者的需要与欲求（Consumers）"；企业不要把精力放在"定价（Price）"策略上，而应该去了解消费者达到满足需要与欲求的目标所需要付出的"成本（Cost）"；企业不能仅考虑自己商品的"通路（Place）"，更应该去关注消费者购买的"方便性（Convenience）"；企业营销的重点不要放在"促销（Promotion）"上，而应该注重与消费者的正确"沟通（Communication）"。可以看出，4C营销理念的出发点是"消费者至上"，即企业应该从消费者的角度去全面考虑市场营销工作，而不要仅仅从企业自身的利益出发。我们认为，在体育市场营销中，既要依据传统的4Ps营销模式，也要参考新的4C营销理念，既从体育市场营销主体出发进行营销组合，又要充分考虑消费者的利益，将两者进行有机结合，制订科学、合理的体育市场营销组合方案。

三、市场营销管理

参照市场营销管理，对体育市场营销活动的管理需要做好三个方面的工作，即制订计划、执行计划与控制计划。

（一）制订计划

借鉴企业市场营销计划，体育市场营销计划的内容一般包括以下八个方面。

1. 计划概要
在体育市场营销计划书的开始部分对本计划的主要营销目标和措施作简要概述。

2. 当前营销形势
主要描述体育市场主体目前所面临的外部环境，包括市场整体形势、消费者偏好、竞争情况以及经济社会发展的宏观环境等信息。

3. 机会和威胁分析
分析体育市场主体所营销的产品可能面对的主要机会和威胁，掌握外界对体育市场主体的发展战略可能会产生重要影响的正面或负面的发展动态和因素。

4. 拟订营销目标

对体育市场主体计划期内的营销目标进行具体的量化描述，并要说明实现这一目标的行动方案。

5. 营销战略

概述战略业务单位的目标市场、产品定位、市场营销组合策略及新产品开发和营销调研方面的具体计划。

6. 行动方案

具体说明实施体育市场主体营销战略的行动计划，主要包括做什么、何时做、谁来做、完成时间等内容。

7. 预算

根据行动方案编制预算方案，即对体育市场营销计划的损益状况进行测算与分析。

8. 控制

即监控体育市场营销计划执行进展的控制措施，可以将计划规定的目标和预算按季、月进行分解，以便及时掌握计划的执行情况。

（二）执行计划

体育市场营销计划的制订只是市场营销管理过程的第一步，为了有效贯彻执行体育市场营销计划，体育市场主体必须做好以下三个方面的工作：第一，必须建立市场营销组织，具体负责体育市场营销计划的执行工作，并通过相应的制度建设使营销组织中的成员保持有效沟通、密切配合、相互合作；第二，建立目标责任制，即将体育市场营销计划落实到具体个人，指派专人负责在规定时间内完成计划任务，做到分工明确、权责明晰；第三，市场营销组织还必须与体育市场主体的其他职能部门密切配合，共同完成体育市场营销工作任务，实现营销目标。

（三）控制计划

为了确保体育市场营销计划得到有效的执行，对计划的实施过程进行控制就显得非常重要。根据市场营销学的相关理论，体育市场营销控制计划主要包括以下四个步骤：

（1）目标分解。在年度计划中规定每个月、每个季度的具体目标，即将体育市场营销年度计划进行分解，这样便于及时掌握计划的实施情况。

（2）掌握情况。作为营销组织中的计划控制部门要及时了解计划的实施情况，并将信息反馈给相关执行部门与管理部门。

（3）发现差距。营销组织要及时发现实际工作与计划目标的差距，对未实现预期目标的主要原因进行客观分析，找出存在的主要问题。

（4）实施整改。营销组织要根据原因制订最佳整改方案，提出促进计划实施的有效方法，努力缩小实际工作与预期目标的差距，必要的时候甚至需要修改原定目标。

　　本章首先阐述了市场营销战略及体育市场营销战略的定义。市场营销战略就是企业在总体战略规划的指导下，为了实现企业经营目标而对市场营销工作所作的全局性、长远性的规划；体育市场营销战略是指营销部门在体育市场主体总体战略的框架下，综合考虑外部环境及自身条件等因素，对体育市场营销工作所作的全局性、长远性的规划。其次，阐述了体育市场营销战略制订的步骤，包括明确体育市场主体使命、建立战略业务单位、规划业务投资组合及规划成长战略等。最后论述了体育市场营销管理过程，主要包括发现和评价市场营销机会、研究和选择目标市场及市场营销管理三个方面的内容。

回顾与练习 —

1.什么是市场营销战略及体育市场营销战略？

2.体育市场营销战略制订的步骤包括哪些？

3.体育市场营销管理过程包括哪几个方面的内容？

第三章
体育市场营销竞争战略

【学习任务】

  本章从分析体育市场竞争者各方面的影响因素到分析不同竞争地位的体育市场营销者的竞争战略，让学生了解在激烈的现代市场竞争条件下如何运用正确的竞争战略立足、如何更好地超过竞争对手、如何成功地完成从商品到货币"惊险的跳跃"。

【学习目标】

- 认识企业的主要市场竞争者。
- 了解市场竞争的不同性质和类型。
- 掌握市场竞争的基本策略。
- 了解不同市场地位的企业应采取的市场竞争策略。

【学习地图】

体育市场竞争者→竞争者的性质和类型→市场竞争策略

体育市场竞争者分析

一般说来，为体育消费者服务的企业不止一个，一个体育市场中有多个体育企业提供相同或相似的产品服务。体育企业是在若干竞争者的包围和制约下从事自己的营销活动的，其竞争对手不仅来自本国市场，也来自其他国家和地区；竞争不仅发生在本行业内，其他行业也可能生产替代品而参与竞争。为了制订一个有效的营销战略，企业必须研究其竞争者，对营销概念而言，若要成功，在满足消费者需要和欲望方面必须比它的竞争对手做得更好。因此，体育经营部门不仅要满足目标市场消费者的需求，还要考虑在同一目标市场内竞争对手的策略。

一、识别竞争者

通常，识别竞争对手看起来似乎是企业的一项简单任务。在最狭窄的层次上，企业可以把竞争对手定义为以相似的价格向相同的顾客提供类似的产品和服务的其他企业。但是，企业实际上面对的更广范围内的竞争对手，企业可能把竞争对手定义成所有生产相同产品或者同类产品的企业。根据产品替代观念，企业可以区分出四种层次的竞争者。

（一）品牌竞争者

当其他企业以相似的价格向相同的顾客提供类似产品与服务时，企业将其视为竞争者。例如，中国安踏企业的主要竞争者有李宁、匹克、鸿星尔克等，国际大公司×克、×斯等大品牌也是相互竞争者。

（二）行业竞争者

企业把制造同样或同类产品的企业都视作竞争者。与品牌竞争者不同，行业竞争者与本企业尽管提供的产品和服务是相同的或同类的，但由于市场定位不同，目标市场也不同，满足的是不同顾客群的相同或相近的需求。产品的目标市场虽然不同，但是消费者可能在特定的情况下选择替代品，也有可能消费者在进行价值比较后进行新的选择。例如，×克与匹克生产的篮球鞋，可能因其面向的群体、收入、社会环境不同而生产出的产品有高端、低端之分；中国职业男篮（CBA）的主要竞争者美国职业男篮（NBA）以更多的品牌附加值吸引了更多球迷。

（三）形式竞争者

企业广泛地把所有制造并提供相同服务和产品的企业都作为竞争者。例如，很多城市居民具有在闲暇时间参加体育锻炼的需求，即具有对休闲体育的需求。但是，休闲体育种类繁多，在体育产业化条件下，人们的休闲体育需求只能在支付能力和闲暇时间约束下进行选择，况且，人们对休闲体育的需求往往不是单一的，而是多样化的，不同形式之间是可以相互替代的。因此，体育企业必须高度重视形式竞争者。中超联赛的普通竞争者是指那些向球迷提供不同的竞技项目比赛来满足球迷的观赏需求的供应者，如其他运动项目的联赛，如果球员名气、比赛精彩程度、个人偏好上强过中超联赛，那么自然会有球迷投怀送抱。

（四）一般竞争者

这是指争夺消费者购买顺序的所有企业。企业还可以进一步更广泛地把所有争取同一消费者的企业都视作竞争者。这涉及不同行业之间的竞争。仍然以休闲体育为例，在必要的支付能力和闲暇时间条件下，消费者可以有诸多的选择，任一行业成为多数消费者的首选，就意味着其在竞争中具有优势地位，都可能对其他行业构成威胁。比如，在本地的休闲体育与本地居民观赏型旅游就可能构成竞争关系。

二、了解竞争者的目标

竞争者的最终目标当然是追逐利润，但是每个公司对此长期利润和短期利润的重视程度不同，对利润满意水平的看法也不同。有的企业追求利润"最大化"目标，不达最大，绝不罢休；有的企业追求利润"满足"目标，达到预期水平就不会再付出更多努力。具体的战略目标多种多样，如获得能力、市场占有率、现金流量、成本降低、技术领先、服务领先等，每个企业有不同的侧重点和目标组合。

了解竞争者的目标可以帮助企业预见竞争者的战略策略行动，进而找到一个能尽量避开竞争者目标的有利竞争位置，来实现本企业的目标和减少竞争者的威胁。竞争者的目标可以有总目标与分层目标、近期目标和远期目标等，这就要求企业采用动态的、具体分析的方法来判断竞争者的目标。

"知己知彼，百战不殆。"企业要制订正确的竞争战略，就要深入地了解竞争者。

三、分析竞争者的强弱优势

竞争者能否实施其战略并实现其目标，这取决于竞争者的资源和能力。企业需要识别每个竞争者的优势与劣势。分析竞争者可分为三步：首先，企业应当收集每个竞争者近期业务的关键数据，特别是销售量、市场份额、毛利、投资报酬率、现金流量、新投资及设备能力的利用情况。每种数据的获得都有助于它们更好地评估每个竞争者的优势和劣势，并帮助新竞争者决定向谁发起挑战。其次，企业通过第二手资料、个人经验或传闻来了解有关竞争者的优势和劣势。它们可通过向顾客、供应商和中间商进行第一手营销调研来增加对竞争者的了解。最后，在寻找竞争者的劣势时，企业应设法识别它们为其业务和市场所作的假象有哪些已经不能成立。如果企业知道竞争者在按照一个严重的设想经营，就可以利用它，并超越它。

分析竞争者的优势和劣势，主要是为了了解其竞争能力的强弱，通过将竞争企业与本企业的情况进行比较，明确竞争企业的优势对自己形成哪些威胁，其弱势又可以为自己提供哪些机会。

四、估计竞争者的反应模式

在识别了主要竞争对手并明确其战略目标及优劣势之后，体育开发还应根据上述结果，充分估计自身的竞争行为可能导致的后果，即分析竞争在遇到攻击时可能采取什么行动和作出何种反应，有助于企业正确地选择攻击的对象、因素和力度，实现每一次竞争行动的预期目标。竞争者的反应可以受它对各种假设的影响，也可以受到它的经营指导思想、企业文化和某些起主导作用的信念的影响，还可能受其心理状态的影响。按照竞争对手的反应策略，可以将其分为以下四种类型。

（一）缓慢反应者

指竞争者面对来到的竞争行为反应迟缓，且缺乏攻击力。竞争者对竞争行为反应缓慢，可能缘于以下原因：一是因为竞争者深信自己已经建立起顾客的品牌忠诚度，目前的竞争行为对自身的市场规模不会有太大影响；二是竞争者缺乏对市场变化的敏感性；三是竞争者缺乏足够的资源和能力作出反应，甚至正准备退出该行业。

（二）局部反应者

这类竞争者可能对竞争行为中部分活动的进攻作出反应，而对其他方面的进攻则无反应或反应不强烈。例如，某一竞争者对威胁其主营业务的攻击反应强烈，而对威胁其次要业务的进攻则反应冷淡；对产品更新、质量创优反应强烈，而对削价竞争不予理会；或者对降价行为作出针锋相对的回击，而对增加广告费则不作反应。企业对这类竞争者的攻击要在具体分析的基础上选择竞争的方面。

（三）隐蔽反应者

这类竞争者对某一攻击行动的反应不可预知，从表面上看，从事体育开发的竞争者似乎没有对竞争行为作出反应，而实际上却在暗中实施早已酝酿成熟的应对方案。这种竞争反应模式虽然不那么直接，但容易达到"以假乱真，后发制人"的效果，并往往会给竞争对手造成出其不意的打击，因而对这类竞争者需格外提防。

（四）激进反应者

这类竞争者对向其所拥有的领域所发动的任何进攻都会作出迅速而强烈的反应。竞争者表现出这样的行为特征主要有两个方面的原因：一是竞争行为涉及竞争者的关键性产品或市场，甚至对其根本利益造成了威胁；二是竞争者在长期的市场竞争中已经养成了一种争强好胜的习惯，并成为企业文化的一部分。一般来说，第二种激进反应者比较少见。

五、确定竞争者的策略

分析竞争者，还应识别竞争者的策略。竞争者之间可能采取各不相同的策略，也可能采取类似的策略。竞争企业采取的竞争策略越相似，市场的竞争程度就越激烈。因此，企业应不断审视竞争者的策略，并相应调整自己的策略，以变应变。

第二节　不同竞争地位体育市场营销者的竞争战略

市场领导者指占有最大的市场份额，在价格变化、新产品开发、分销渠道建设和促销战略等方面对本行业其他公司起领导作用的公司。竞争战略的核心问题是企业在市场上的相对地位，这种地位显示了企业是否具有竞争优势。一个地位选择得当的企业，即使在行业平均盈利水平不高的情况下，也能有较高的收益率。

要有效地制订竞争战略，体育企业必须首先识别谁是自己的竞争对手。在清晰地把握竞争对手情报之后，确定竞争目标并设计竞争方法。一般来说，行业中存在领导者，即在市场中处于支配地位，具有最高市场占有率的企业；跟随者，即在市场不处于领先地位，但跟随其他企业提供类似产品或服务的企业；挑战者，指在行业中向其他企业发起进攻，以积极的心态，准备抢占其他企业市场份额的企业；利基者又称为市场补缺者，指那些专心关注市场上被大企业忽略的细小部分，以某一特定较小之区隔市场为目标，并提供专业化服务的小企业。

著名定位论大师里斯（Ries）与特劳特（Trout）认为，营销即战争。在《营销战》一书中他们写道，今天的市场营销的本质并非为顾客服务，而是在同竞争对手的对垒过程中，以智取胜、以巧取胜、以强取胜。

一、市场领导者战略

市场领导者是指在相关的产品市场上市场占有率最高的企业。一般说来，大多数行业都有一家企业被公认为市场领导者，它在价格调整、新产品开发、营销渠道覆盖和促销力度等方面处于主导地位。它是市场竞争的导向者，其他企业都承认其在本市场或领域内的统治地位，同时它也是竞争者挑战、效仿或回避的对象。这些市场领导者的地位是在竞争中自然形成的，但不是固定不变的。它并不总能高枕无忧，有时它甚至是竞争者群起而攻之的对象。因此，企业必须保持高度的警惕并采取适当的战略，否则，就很可能丧失领先地位而降到第二位、第三位。

一般来说，市场领导者为了维护自己的优势，保持自己的领导地位，通常采取三种不同的战略：一是扩大整个市场需求总量；二是保护现有的市场占有率；三是在市场规模保持不变的情况下，进一步扩大市场占有率。

（一）扩大市场需求总量

当市场需求总量扩大时，处于领先地位的企业因其市场占有率最高而得益最大。新加入的消费者中会有一个较大的比例成为市场领导者的顾客，这主要是因为市场领导者的市场地位对新加入的消费者具有较强的市场影响力所致。一般说来，市场领导者可以从三方面扩大市场总需求量。

1. 寻找新用户

体育企业可以通过发掘新的使用者来扩大市场的需求量。每一种产品都有吸引顾客的潜力，因为有些顾客不了解某种产品或者不知道这种产品，或者因为其价格不合适或缺乏某些特点等而不想购买这种产品而未成为该种产品的用户。从这个角度来说，每种产品都有吸引新顾客、增加新用户的潜力。企业市场领导者可以从三个方面寻找新用户。

（1）开拓新市场战略，是指把产品打入新的细分市场来扩大总市场，针对未使用产品的群体用户，说服他们使用产品。

（2）市场渗透战略，是指通过一系列的方式来说服那些目标市场中还未使用的消费者成为现实的消费者。这是对现有细分市场中还未使用产品的顾客或偶尔使用的顾客，说服他们使用产品。

（3）地理扩展战略，是指将产品销售到从未使用过本产品的地区，开发新的地理市场。如由本地市场转向外地市场，城市市场转向农村市场，国内市场转向国际市场。销售区域的变化，可使企业摆脱原来的竞争者，在与新的对手较量中或许能够改变力量对比。应注意，如果销售区域的变化导致分销费用增大，就必须从其他方面降低成本，否则，价格提高会影响竞争力。

2. 开辟产品的新用途

为产品开辟新的用途，可扩大需求量，使产品销路久畅不衰。比如，体育场馆主要为举办各种体育赛事而建设，但也可以作为各种演唱会、展览会的举办场地。每项新用途都使产品开始了一个新的生命周期。

3. 增加产品的使用量或使用频率

增加消费者使用量或使用频率是扩大市场需求的重要途径。生产鞋、服的体育企业，生产耗损体育用品、器械的企业总是希望加速服装、使用产品的流行、缩短其流行周期来提高其更新率和消费频率。体育企业还可以改变人们对相关体育产品的态度，促使人们对不同场合、环境下对不同体育用品的需求，扩大消费者的消费。

（二）保护市场占有率

占据市场领导者地位的公司在力图扩大市场总需求的同时，还必须时刻注意保护自己的现有业务免遭竞争者入侵。必须时刻防备竞争者的挑战，保卫自己的市场阵地。市场领导者如何防御竞争者的进攻呢？最根本的一点是领导者不要满足于现状，而要不断创新；在产品创新、服务水平的提高、分销渠道的有效性和降低成本等方面，真正处于该行业的领先地位；抓住对手的弱点，不断创新，掌握主动，实行进攻。持续增加竞争效益和顾客让渡价值。即使不发动主动进攻，至少也要加强防御，堵塞漏洞，不给挑战者可乘之机。市场领导者不可能防守所有的阵地，必须认真地探查哪些阵地应不惜代价严防死守，哪些阵地可以放弃而不会带来太大损失，将资源集中用于关键之处。防守战略的基本目标是减少受到攻击的可能性，或将进攻目标引到威胁较小的区域并设法减弱进攻的强度。市场领导者企业可以有两个途径达到维护市场占有率的目的。

（1）进攻措施，即在降低成本、提高销售效益、产品创新/服务水平等方面争取能始终处于行业领先地位，同时，针对竞争对手的薄弱环节主动出击。

（2）防御措施，即根据竞争者的实际情况，在企业现有阵地周围建立不同防线。比如，构筑重点在企业目前的市场和产品上的防线；构筑不仅能防御企业目前的阵地，而且还扩展到新的市场阵地，作为企业未来新的防御和进攻中心的防线等。

（三）扩大市场占有率

市场占有率是影响投资收益率的最重要变数之一，市场领导者设法提高市场占有率，也是增加收益、保持领导地位的一个重要途径。可以通过增加市场份额来巩固自身地位，但不是在任何情况下市场占有率的提高都意味着收益的增加，这主要取决于提高市场占有率所采取的策略。有时为了提高市场占有率所付出的代价，会高于它所带来的收益。

企业的利润率与市场份额成正比。许多企业着力扩大市场份额的目的是改善获利能力。市场领导者应强调在某一细分市场上提高占有率，而不是指整个市场。同时，企业不能指望增加了市场份额就能自动改善盈利能力，扩大市场份额是否能提高利润还要视策略而定。许多市场份额高的企业获利能力很差，而许多市场份额低的企业获利能力却很高。企业要注意获取较高市场份额的成本远远超过收益是很危险的，只有当单位成本随着增加的市场份额而降低，或者当企业提供了一个质量优良的产品，而且价格超过了由于产品质量改善所增加的成本时，较高的市场份额才会产生预期的利润。

二、市场跟随者竞争战略

市场跟随者是指愿意维持原状，通常害怕得不偿失而在营销中使用模仿战略的企业。此类企业并不进行产品创新，而只是模仿或改进革新者所推出的新产品。一般情况下，跟随者主要是谋求用某种特殊的能力来参与市场竞争，它们常常效仿领导者，为购买者提供相似的产品。有些竞争者甚至可以通过这类战略而获得比本行业领导者还要高的投资报酬率，市场份额高度稳定。因为不必承担任何用于创新的费用，大多数居于第二位的企业喜欢跟随而不是向市场领先者挑战。

紧密跟随，这种战略是在各个细分市场和市场营销组合方面，尽可能仿效领先者，但是市场跟随者必须找到一条不致引起竞争性报复的发展道路。这种跟随者有时好像是挑战者，但只要它不从根本上侵犯到领先者的地位，就不会发生直接冲突，有些甚至被看成靠拾取领先者的残余谋生的寄生者。因此，追随者必须随时保持低的制造成本以及较高的产品品质与服务，以免遭受打击。跟随战略并非被动的跟随，一旦有新的市场出现，跟随者更应该积极地进入该市场。

在多数情况下，为了避免正面持续竞争造成两败俱伤，多数企业常常避免与市场领导者正面竞争，而采取跟随战略，自己开创发展途径。这些行业中，产品差异化较小，价格敏感度较高，容易爆发价格竞争，最终导致两败俱伤。因此，这些行业中的企业通常形成一种默契，彼此自觉地不互相争夺客户，不以短期市场占有率为目标，以免引起对手的报复。这种效仿领导者为市场提供类似产品的市场跟随战略，使得行业市场占有率相对稳定。市场跟随者不能单纯模仿领导者，必须寻找一条既不招致竞争者报复又能使企业快速发展的途径。一般来讲，跟随战略可分为以下三类。

（一）紧密跟随型

紧密跟随型是指跟随者在各个细分市场以及市场营销组合领域效仿领导者，但不采取激进的手段从根本上危及领导者的地位。有些跟随者表现为较强的寄生性，它们很少刺激市场，总是依赖市场领导者的市场努力而生存。

（二）保持距离型

这种策略下，跟随者与领导者在目标市场、产品创新、价格水平、分销渠道、广告密度等方面保持若干差异。这种跟随者易被领导者接受，乐意让它们保持相应的市场份额，并使自己免遭独占市场的控诉，同时它也可以通过兼并同行业中的弱小企业而使自己发展壮大。

（三）选择跟随型

选择跟随型是指跟随者只在某些方面紧随领导者，而在另一些方面又走自己的路。也就是说，它不盲目追随，在跟随基础上有一定的创新，避免直接竞争，但是它的整体实力不如领导者。这类跟随者之中有些可能发展成为挑战者。

三、市场挑战者竞争战略

处于市场挑战者地位的企业，一般都具有相当的规模和实力，在竞争策略上有相当大的主动性，像在行业中名列第二位、第三位的企业，可能随时向市场领导者发起攻击，以夺取更大的市场占有率。然而，作为市场挑战者的企业，盲目的进攻是愚蠢甚至有害的，市场挑战者如果要向市场领导者和其他竞争者挑战，并获得成功，首先必须确定自己的战略目标和挑战对象，然后再选择适当的进攻策略。

（一）明确战略目标和挑战对象

战略目标同进攻对象密切相关，针对不同的对象存在不同的目标。一般说来，从挑战者变成领导者可以选择以下三种途径去攻击：

（1）攻击市场领导者。虽然这一战略风险比较大，但是潜在的收益可能很高，尤其是当那些身处市场领导者地位却"名不副实"且经营能力欠佳时，采取此种战略尤为见效。挑战者要取得进攻的成功，必须认真调查研究市场领导者的弱点和失误，了解周围市场需求的变动情况，尽量满足顾客潜在的和未被满足的需求；或者通过产品创新，以更好的产品夺取市场。此外，还可在整个细分市场上，开发创新产品，超过领导者，以夺取市场的领导地位。

（2）攻击与自己实力相当者。挑战者把一些与自己势均力敌的企业作为攻击对象时，可选择其中经营不善、资金不足或发生危机者采取及时、有效的方式去攻击，以夺取它们的市场，从而扩大市场份额。这种进攻通常容易奏效。

（3）攻击区域性小型企业。市场挑战者还可以对区域市场上一些经营不善或发生财务危机的中小型企业作为挑战者的攻击对象，夺取市场，提高市场占有率。这种情况在我国也比较普遍，许多实力雄厚、管理有方的外国独资和合资企业一进入市场，就击败当地由于资金不足、管理混乱的弱小企业。

（二）选择正确的进攻策略

当挑战者的竞争对手和目标已经确定时，就应当在"数量优势原则"的前提下采取行动。这时，大致有五种进攻策略可供市场挑战者进行选择。

1. 正面进攻

正面进攻就是集中全力向对手的主要市场发动攻击，即进攻对手的强处而不是弱处。胜负取决于在这个纯粹的正面进攻中，进攻者必须在产品、广告、价格等方面要有超过竞争者的实力和持久力。例如，在价格方面，正面进攻的常用做法是用减价来对付竞争对手。这个价格进攻可以采用两种方式：一是挑战者企业所提供的产品在其他条件方面与领先者的产品相当，但针对领先者的价格制订比较低的售价；二是挑战者企业在研究如何降低生产成本方面大量投资，以价格为基础攻击竞争对手。

2. 侧面进攻

侧面进攻就是集中优势力量攻击对手的弱点，"以己之长，克彼之短"。有时可以采取"声东击西"的策略，正面佯攻，实际攻击侧面或背面。侧面进攻的主要目的是发现对手的市场弱点及未被满足的需求，通过满足需求实现企业盈利。侧面进攻可以分为两种：一种是地理性侧面进攻，即在全国或全世界寻找对手相对薄弱的地区发动攻击；另一种是细分性侧面进攻，即寻找领先企业尚未为之服务的细分市场，在这些小市场上迅速填空补缺。侧面进攻也是一种最有效和最经济的策略，较正面进攻有更多的成功机会。

3. 全面进攻

全面进攻是一种全方位、大规模的进攻策略，它通过"闪电"战术，在几个战线发动全面攻击，夺取对手大片阵地，迫使对手进行全面防御。这种进攻是全面性的进攻。市场挑战者能够向市场提供比竞争者更多的产品和服务，与竞争者展开激烈的竞争，当挑战者在人、财、物、技术等各方面都具有优势，并确信包围计划的完成足以击败对手时，这种包围才有意义，这种策略才可能获得极大成功。但需要指出的是，并不是所有的全面进攻都能成功。

4. 迂回进攻

如果竞争对手的实力较强，正面的防御阵线非常严密，市场挑战者企业可以采用迂回进攻策略。这种间接的进攻战略主要有三种方法：①多元化地经营与竞争对手现有业务无关联的产品；②用现有产品进入竞争对手产品销售薄弱地区、服务较差的地区；③用竞争对手尚未涉足的高新技术制造的产品取代现有产品。在高新技术领域实现技术飞跃是最有效的迂回进攻战略，可以避免单纯地模仿竞争者的产品和正面进攻造成的重大损失。公司应致力于开发新一代的技术，时机成熟后就向竞争对手发动进攻，把战场转移到自己已经占据优势的领域中去。

5. 游击进攻

游击进攻是指向对手的有关领域从不同地区发动小规模的、间断性的进攻，逐渐削弱对手，争取对方的顾客，使自己最终夺取永久性的市场领域。游击进攻能有效地骚扰对手、消耗对手、牵制对手、误导对手、瓦解对手的士气、打乱对手的战略部署而己方不冒太大的风险。游击进攻可采取多种方法，包括有选择的降价、强烈的突袭式促销行动等。这些策略常常是小企业采取的灵活方式。

四、市场利基者竞争战略

利基（Niche）在英语中意为在悬崖上的石缝。人们在登山时，常常需要借助这些微小的缝隙作为支点，一点点向上攀登。利基市场是指市场中通常被大型企业所忽略的某些细分市场。市场利基者又称为市场补缺者，通常指的是行业中一些实力相对较弱的中小型企业。几乎每个行业中，都存在一些小企业或大公司中的小的业务部门，专营某些细小的细分市场，它们不与主要的企业竞争，而只是通过专业化的经营来占据市场小角落，为那些可能被大企业忽略或放弃的市场进行有效的服务，并通过出色的补缺战略来获取高利。

（一）市场利基者的特征

（1）有足够的市场规模和购买力，从而能获利。

（2）利润有增长的潜力。

（3）对主要竞争者不具有吸引力。

（4）企业有市场需要的技能和资源，可有效地为补缺市场服务。

（5）企业已有的信誉足以对抗竞争者，保卫自己。

（二）市场利基者的战略

企业获取利基的主要战略是专业化，即必须在市场、消费者、产品或渠道等方面实施专业化。可供市场利基者选择的利基方案有以下10种：

（1）按最终用户专业化，即专门致力于为某类最终用户服务进行市场营销。

（2）按垂直层面专业化，即专门致力于为生产、分销循环周期的某些垂直的层次经营业务。

（3）按顾客规模专业化，即专门为某一种规模（大、中、小）的客户服务，如有些小企业专门为那些被大企业忽略的小客户服务。

（4）按特定顾客专业化，即只对一个或几个主要客户服务。

（5）按地理区域专业化，即专为国内外某一地区或地点的顾客服务。

（6）按产品或产品线专业化，即只生产一大类产品。

（7）按客户订单专业化，即专门按客户订单生产预订的产品。

（8）按质量和价格专业化，即专门生产经营某种质量和价格的产品。

（9）按服务项目专业化，即专门提供某一种或几种其他企业没有的服务项目。

（10）按分销渠道专业化，即专门服务于某一类分销渠道。

作为市场利基者要完成三个任务：创造利基市场、扩大利基市场和保护利基市场。例如，著名的运动鞋生产商×克公司不断开发适合不同运动项目的特殊运动鞋，如篮球鞋、登山鞋、旅游鞋、自行车鞋、冲浪鞋等，这样就开辟了无数的补缺市场。每当开辟出这样的特殊市场后，×克公司就继续为这种鞋开发出不同的款式和品牌，以扩大市场占有率，如科比一代、科比二代、科比三代等。最后，如果有新的竞争者闻声而来的话，×克公司还要全力以赴保住其在该市场的领先地位。选择市场补缺基点时，多重补缺基点比单一补缺基点更能减少风险，增加保险系数。

我国人口众多，体育需求也多种多样，占总人口70%以上的农民完全可以在越来越大的体育市场上充当利基者，分享体育业利润，同时也为体育市场提供适合中低档次的多样化、个性化服务。

本章小结

要制订一个有效的营销战略，体育企业需要使用行业的和以市场为基础的分析方法来研究它的现实竞争者，即那些满足相同的顾客需要并提供相同产品和服务的企业与潜在竞争者。企业应该收集有关竞争者战略、目标、优势和劣势以及反应模式的信息。企业应该知道每个竞争者的战略，以便能辨别其最接近的竞争者，并采取相应步骤来维持并扩大自己的市场份额。企业应了解竞争者的目标，以预测下一步的举动和反应。了解竞争者的优势和劣势，促使企业改进其战略，以利用竞争者的局限性。了解竞争者的基本反应模式，有助于企业选择和确定行动时机。各企业因其经营目标、资源及实力不同，在市场处于不同的竞争地位，采取不同的竞争战略，即市场领导者战略、市场追随者战略、市场挑战者战略和市场利基者战略。

回顾与练习

1.如何识别企业的竞争者？试分析安踏的竞争者。

2.竞争对手的反应策略分为哪几种类型？

3.按照竞争者在目标市场中的竞争地位，可以把竞争者分成哪几类？请简要地进行分析。

4.试论述体育运动品牌李宁如何保护和扩大市场占有率。

第四章
体育市场细分与目标市场营销战略

【学习任务】

　　体育企业或组织在经营活动过程中，应明确企业在市场中的定位，明确企业为之服务发展的细分市场，扬长避短，取得最佳经济效益。在这一过程中，需要经过市场细分、目标市场选择、市场定位三个步骤。本章分别从含义、实施原则、程序方法等方面依次展开论述，为学习者提供一个条理清晰、通俗易懂的脉络，为自己以后的实际运用提供可靠的理论基础。

【学习目标】

● 掌握体育市场细分的概念、原则。

● 掌握体育目标市场的选择及相关策略。

● 了解体育产品市场定位的概念和方法。

● 熟悉体育产品市场定位的三要素及实施步骤。

【学习地图】

体育市场细分→目标市场选择→市场定位

体育市场细分战略

随着社会发展专业化程度的加深以及人们需求的多样化，任何一个体育组织都不可能满足体育消费者的所有需求，任何一个体育产品厂家都不可能生产出能够满足消费者需要的所有产品，因此，正确地选择目标市场，准确地了解和把握消费者的需求，进行合理的市场细分尤显重要。同时，市场细分也是企业选择目标市场的基础和前提，是现在企业营销活动的重中之重。

一、体育市场细分的含义及作用

（一）体育市场细分的含义

市场细分的理论是由美国营销学家温德尔·斯密在20世纪50年代提出的，有人称其为营销学继"消费者为中心观念"之后的又一次革命。体育市场细分是指企业通过市场调研，根据消费者购买习惯和购买行为的差异性，将某一体育市场分割为两个或更多的子市场，每个子市场都是由需要和欲望大致相同的消费者群组成，从而确定目标市场的过程。

体育市场细分可以使体育经营者更清晰地认识市场，通过对市场各种特性进行观察、整理和分析，进而发现新的市场机会，挖掘出新的市场特性。在体育市场被按照一定的特性分割之后，体育企业可以利用自身有限的资源对分割后的、符合自己口味的市场进行开发和拓展，这样资源能够得到充分的利用，企业的行为效率实现最大化。

体育领域中的市场细分已逐步引起更多业内精英的重视，他们针对客户的各种需求，有针对性地设计符合消费者要求的样式，围绕目标客户的特殊需求不断改进自己的产品和服务，从而适应市场。

（二）体育市场细分的作用

体育市场细分是分析体育消费需求的一种手段，对于体育企业而言，有以下作用：

1. 有利于分析市场机会，发掘和开拓新的市场

由于体育产品的差异性和体育企业固有的客观局限性，企业通过市场细分，可以深入了解各子市场顾客的不同需求及其满足程度，从而发现那些子市场没有得到满足的需求，进而对该市场的竞争状况进行研究，通过迅速占领市场，扩大市场占有率，取得市场营销的优势。

2. 有利于选择目标市场，制订最佳的市场营销策略

市场细分后的子市场比较具体，能直观、系统、准确地了解体育消费者的需求，体育企业可以根据自己的经营思想、方针、生产技术和营销力量，确定自己的服务对象，从众多细分市场中确定服务方向、产品战略，更合理地确定营销组合策略，及时调整体育企业产品的价格、销售渠道及促销手段，以适应体育市场需求的变化，提高企业的应变能力和竞争力。

3. 有利于小企业提高适应能力，开拓新市场

任何一个体育企业的资源、人力、物力、财力都是有限的，小企业实力更是实力有限，竞争能力差，在大市场上无法定位自己的位置，但通过细分市场，总能找到许多人还未注意到的小市场，可以集中人、财、物及资源去争取局部市场上的优势，然后再占领自己的目标市场。

4. 有利于企业提高经济效益

通过市场细分后，体育相关企业可以面对自己的目标市场，更深入地了解每个细分市场的消费者、他们需求的产品以及同行竞争者的情况，生产出适销对路的产品，既能满足市场需要，又可以增加体育企业收入。产品适销对路可以加速资金流转，提高产品销量，降低体育企业的生产销售成本，提高服务质量，全面提高体育企业的经济效益。

二、体育市场细分的依据

要进行有效的市场细分，必须找到科学的细分依据。每个体育消费者都具有许多特点，如性别、年龄、职业、文化程度、消费习惯等，这些特点正是导致顾客需求出现差异的因素，每一个不同的因素都可以作为对市场实施细分的依据。不同类型的市场，细分的因素也有所不同，总体来说，体育市场可以按照以下几种标准细分。

（一）按地理变量细分市场

体育活动本身是以体育活动者的空间位移为典型特征的，因此按照消费者所处的地理位置、自然环境来细分市场，如根据国家、地区、城市规模、气候、人口密度、地形地貌等方面的差异将整体市场分为不同的小市场。地理变数之所以作为市场细分的依据，是因为处在不同地理环境下的消费者对于同一类产品往往有不同的需求与偏好，他们对企业采取的营销策略与措施会有不同的反应。

地理变量易于识别，是细分市场应予以考虑的重要因素，但处于同一地理位置的消费者需求仍会有很大差异。因此，简单地以某一静态地理特征区分市场，不一定能真实地反映消费者的需求共性与差异，企业在选择目标市场时，还需结合顾客的需要、购买习惯及其他细分变量予以综合考虑。

（二）按人口变量细分市场

按人口变量细分市场是将体育市场按照人口统计学变量，以年龄、收入、教育程度、职业、性别、种族、宗教、家庭规模、社会阶层等为基础划分成不同的群体，这些变量往往易于识别且便于衡量，人口统计变量细分是划分体育者群体最常用的方法。一般情况下，体育企业选择其中的一个或几个变量作为划分的标准。例如，按照人口年龄段，体育市场可细分为老年人、中年人、青年人、儿童四个子市场。常见的人口细分标准主要有以下五种因素：

1. 性别

由于生理上的差别，男性与女性在需求和偏好上有着明显的区别。体育用品的营销中，通常可以用性别来区分市场。例如，对于体育项目而言，男生更加喜欢像篮球、足球类有激烈对抗的体育项目，女生则喜欢舞蹈、健美操类个人表演型项目。男性更注重体育的健康功能，女性则更注重美体瘦身以及对线条的追求。

2. 年龄

不同年龄的消费者有不同的需求特点，如对于休闲体育的服务产品而言，12~18岁的孩子对游戏会很感兴趣，他们关注的是游戏性的体育活动。但是，当他们到了18岁以后，开始对专业的体育活动更为感兴趣，于是他们开始关注体育场所所提供的体育产品。

3. 收入

高收入消费者与低收入消费者在体育项目选择、休闲时间的安排、社会交际与交往等方面都会有所不同。正因为收入是引起需求差别的一个直接而重要的因素，在诸如体育项目、体育服饰、体育性服务等领域根据收入细分市场相当普遍。

4. 职业与教育

指按消费者职业的不同，所受教育的不同以及由此引起的需求差别细分市场。比如，农村农民闲时喜欢广场舞，而城市白领则喜欢周末健身；又如，由于消费者所受教育水平的差异所引起的审美观具有很大的差异，诸如不同消费者对运动服式的品种、颜色等会有不同的偏好。

5. 家庭生命周期

一个家庭，按照年龄、婚姻、子女状况可以划分为七个阶段。在不同阶段，家庭购买力和家庭成员对体育运动、体育商品等的兴趣与偏好会有较大差别。

单身阶段：年轻，单身，几乎没有经济负担，新消费观念的带头人，娱乐导向型购买。

新婚阶段：年轻夫妻，无子女，经济条件比最近的将来要好，购买力强，对耐用品、大件商品的欲望、要求强烈。

满巢阶段一：年轻夫妻，有6岁以下子女，家庭用品购买的高峰期，不满足现有的经济状况，注意储蓄，购买较多的儿童用品。

满巢阶段二：年轻夫妻，有6岁以上未成年子女，经济状况较好，购买趋向理智型，受广告及其他市场营销刺激的影响相对减少。注重档次较高的商品及子女的教育投资。

满巢阶段三：年长的夫妇与尚未独立的成年子女同住，经济状况仍然较好，妻子或子女皆有工作。注重储蓄，购买冷静、理智。

空巢阶段：年长夫妇，子女离家自立，前期收入较高，购买力到高峰期，较多购买老年人用品，如医疗保健品，娱乐及服务性消费支出增加，后期退休收入减少。

孤独阶段：单身老人独居，收入锐减。特别注重情感、关注等需要及安全保障。

（三）按心理变量细分市场

按心理变量细分市场是指根据体育消费者的生活方式、性格特征、态度、兴趣和动机等心理特征细分市场。消费者实现体育活动的主观条件，根本上还在体育动机，而个人的心理特征在形成体育动机上又起着首要作用，因而，能更准确地区分细分的市场特征。即使同一细分的消费者群体，由于体育消费者心理需求具有多样性、时代性、可诱导性等特性，有时心理因素很难严格加以判定、量化和把握，对同类产品的偏好和态度也会各异。

（四）按行为变量细分市场

不同体育消费者在行为上往往会有很大的差异，因此，按照体育消费者的行为进行市场细分是很有效的。按行为变量细分市场主要包括以下五个方面：

1. 购买时机

根据消费者提出需要、购买和使用产品的不同时机，将他们划分成不同的群体，企业可以把特定时间的市场需求作为服务目标。

2. 寻求的利益

一般来说，体育消费者购买某种产品，都是在寻求某种特殊的利益。因此，企业可以根据体育消费者对所购产品追求的不同利益来细分市场。体育企业在采用这种方法时，首先要断定消费者对体育产品所追求的主要利益是什么，追求各种利益的各是什么类型的人，各种体育产品提供了什么利益，然后根据这些信息来采取相应的市场营销策略。

3. 使用情况

使用情况是指体育消费者从前是否有过某种产品或服务的经历。按照这种标准，体育市场可细分为潜在使用者、初次使用者和经常使用者市场，如从未光顾的客人、初次光顾的客人、经常光顾的客人等。对潜在使用者、初次使用者和经常使用者应分别采用不同的营销方法。

4. 使用数量

根据消费者使用某一产品的数量大小细分市场，通常分为大量使用者、中度使用者和轻度使用者。大量使用者所占的人数比例虽小，但其消费量所占的比重很大。大量使用者一般具有相同的人口特征、心理特征和接近媒体的习惯。

5. 品牌忠诚度

品牌忠诚度是指一个体育消费者只购买某一品牌商品的一种持续信仰和约束的程度。

体育市场细分的目的，就是要寻找那些忠实于本企业产品、购买频率及规模程度都很高的顾客作为本企业的目标市场。

三、体育市场细分的原则、程序和方法

（一）体育市场细分的原则

企业可根据单一因素，也可根据多个因素对市场进行细分。选用的细分标准越多，相应的子市场也就越多，每一子市场的容量相应就越小。相反，选用的细分标准越少，子市场就越少，每一子市场的容量则相对较大。如何寻找合适的细分标准，对市场进行有效细分，在营销实践中并非易事。一般而言，成功、有效的市场细分应遵循以下四条基本原则。

1. 可衡量性

可衡量性是指细分后的市场必须是可以识别和衡量的，也就是指各细分市场的需求特征、购买行为等要能被明显地区分开来，各细分市场的规模和购买力大小等要能被具体测量。要做到这一点，企业应首先掌握能明显表现消费者不同特征的资料，使得细分后的同一个子市场的消费者确有类似的行为特征，而各个不同的子市场之间又有明显的区别，这样才能确定划分各细分市场的界限。如果设定的细分变数难以衡量，就无法界定市场，最终目标也就落空。

2. 可赢利性

对于企业来说，在细分市场的范围内应大致可以实行一整套营销方案，在顾客人数和购买力上足以保证企业取得良好的经济效益，使企业能够实现自己的利润目标。这取决于这个市场应有足够的、有货币支付能力的潜在购买者，并且有可以拓展的可能，使企业能够一方面补偿成本，另一方面获得利润，获得理想的经济与社会效益，从而不断提高企业竞争力。

3. 可进入性

即经过细分后所确定的目标市场要使旅游产品有条件进入并能占有一定的市场份额。企业发展市场营销活动，要受到一定的能力与条件的制约，因此，细分后的市场必须是企业的营销活动可达到的和可行的，否则不能贸然去开拓。此外，企业营销人员要有与客源市场进行有效信息沟通的可能，具有畅通的销售渠道，这对于具有异地性特征的体育市场尤其重要。

4. 对营销策略的反应的差异性

在比较理想的情况下，各个细分市场应该对营销方案的组合中的因素有不同的反应，如果不同细分市场顾客对产品需求反应一样或差异不大，那么就无法采取特殊设计的营销组合，市

场细分也就不必要了。例如，有些顾客对价格敏感，对商品的外包装则无所谓；有些顾客对产品结实与否要求高，对外观则无所谓。对产品属性变化的反应度是确定市场细分的有效工具，它为企业有针对性地制订营销组合提供可能性。

总之，企业实施市场细分策略必须具备以上条件，才有可能得到成功而有效的细分。

（二）体育市场细分的程序

无论在消费者市场还是在产业市场，市场细分的目的都是为了识别市场机遇。美国市场学家麦卡锡提出细分市场的一整套程序，这一程序包括以下七个步骤：

①选定产品市场范围，即确定进入什么行业，生产什么产品。产品市场范围应以顾客的需求，而不是产品本身特性来确定。

②列举潜在顾客的基本需求。

③了解不同潜在用户的不同要求。对于列举出来的基本需求，不同顾客强调的侧重点可能会存在差异。

④抽掉潜在顾客的共同要求，而以特殊需求作为细分标准。

⑤根据潜在顾客基本需求上的差异方面，将其划分为不同的群体或子市场，并赋予每一子市场一定的名称。

⑥进一步分析每一细分市场需求与购买行为特点，并分析其原因，以便在此基础上决定是否可以对这些细分出来的市场进行合并，或作进一步细分。

⑦估计每一细分市场的规模，即在调查基础上，估计每一细分市场的顾客数量、购买频率、平均每次的购买数量等，并对细分市场上产品竞争状况及发展趋势作出分析。

（三）体育市场细分的方法

1. 单变量细分法

单变量细分法是指选择影响体育市场细分的最显著的变量作为细分市场的唯一依据，以此划分市场中不同的消费者群体的方法。这种方法能够将市场迅速细分，而且细分市场的特征较鲜明，但不能对市场进行深刻的调研分析。如运动服装企业，以性别来划分，整个市场可分为男装、女装两个细分市场；按年龄细分市场，可分为童装、少年装、青年装、中年装、老年装；按气候的不同，可分为春装、夏装、秋装、冬装。

2. 多变量细分法

多变量细分法是指选择两个或两个以上显著影响市场需求的变量作为细分市场的依据，以此划分市场中的消费者群体的方法。如生产专业运动器材的厂家，主要根据企业规模的大小、用户的地理位置、产品的最终用途及潜在市场规模来细分市场。这种方法能准确、深入地划分体育市场中每一个不同的消费群体，有助于体育企业作出准确、合理的市场营销策略，但由此会增加市场细分的时间、费用等。同时，如果市场细分的变量的数目不能科学合理地掌握，极易造成市场的完全细分，将市场上每一个消费者个体作为一个单独的细分市场，从而失去市场细分的意义。

3. 系列变量因素法

系列变量因素法是指根据体育企业经营的特点并按照影响体育消费者需求的诸因素，由粗到细地进行市场细分。这种方法可使目标市场更加明确而具体，有利于企业更好地制订相应的市场营销策略。如专业自行车市场，可按地理位置（城市、郊区、农村、山区）、性别（男、女）、年龄（儿童、青年、中年、中老年）、收入（高、中、低）、职业（工人、农民、学生、职员）、购买动机（求新、求美、求价廉物美、求坚实耐用）等变量因素细分市场。

第二节　体育目标市场选择战略

所谓目标市场，就是企业设计、实施、维持营销组合的对象。企业的目的是对整个体育市场进行细分后，对各细分市场进行评估，以满足其需求并达到双赢。因为大多数市场中消费者的生活方式、生活背景、收入水平不同，使用单一的营销组合吸引所有的细分市场是不可能的，而目标市场就是最有可能购买产品的特定的细分市场。

一、体育目标市场选择的标准

一个好的市场机会，不同的企业进入就会产生不同的效果。当前社会各界都认为体育产业在中国是一个充满无限商机的朝阳产业，但并不是所有的企业都可以在这一行业获得成功。企业在对体育市场进行细分之后，结合本企业的条件，可以把一个或几个细分市场作为目标市场。一般而言，企业进入目标市场要有以下标准。

（一）目标市场要有一定的规模和发展潜力

体育企业进入选定的细分市场是期望增加赢利，这就要求选择的目标市场必须有一定的市场容量和未来发展的潜力，使企业有利可图，如果市场的规模不足以让企业获利，企业就没有必要进入这一市场。

（二）符合体育企业的目标和能力

有的体育细分市场具有不错的成长潜力，也具有长期的吸引力，但体育企业还必须考虑自身是否具有占领该市场所必需的能力和资源，同时还要考虑是否符合本企业的长远目标。如果与企业的目标和能力不相符合，企业进入这一市场后的管理成本会大大提高，经营风险也相应加大。如我国体育院校的校办产业，除政策性垄断企业外，几乎都处于亏损状态，这些学校不得不回到"教学"这一主业上来，形成了主业补副业的尴尬局面。

（三）具有竞争者较少或企业有胜过竞争者的优势

在选择那些尚未得到充分满足的细分市场作目标市场时，一定要对竞争者作充分的分析。一般情况下，要选择竞争者较少或自己胜过竞争者，具有相对优势的市场。如现在体育技术服务市场竞争者较少，而自己的企业又直接与体育院系、科研单位直接相连，选择这一市场作为目标市场就比较合适。

二、体育目标市场选择的模式

体育目标市场选择通常有五种模式，如图4-1所示。

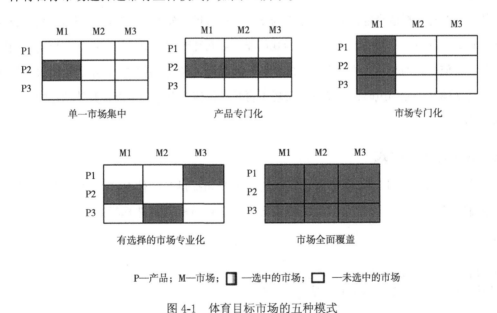

图 4-1　体育目标市场的五种模式

（一）单一市场集中模式

体育企业选择一个细分市场，集中力量生产、提供一种体育产品为之服务。由于目标单一和集中服务，使得企业可以对选定的目标市场具有比较深刻全面的认识，进而容易选择并实施合适有效的营销组合，从而获得有利的市场地位、良好的声誉和经济效益。但是市场集中化模式对于选定的市场依赖性过强，经营风险通常较大，一旦这个细分市场出现不景气的情况或者有新的更为强大的竞争者进入，公司的业务就会全面受阻，甚至面临倒闭的风险。

（二）产品专业化模式

体育企业选择几个甚至所有细分市场，集中力量生产、提供一种体育产品。采用这种模式的体育企业往往拥有独特的体育资源，如球拍手胶、武术用刀剑等。不过产品专业化并不排除在体育产品的辅助方面有所不同，如体育工具、等级标准等。采用这类目标市场选择模式可以分散市场风险并凸显体育企业的特点与风格。

（三）市场专门化模式

体育企业选择一个细分市场作为其目标市场，然后向该市场提供他们所需要的各种产品。这种模式能与消费者建立良好的关系，树立企业的信誉，减少经营风险。例如，有些球迷组织不但经营订购比赛门票，同时经营球迷用品、餐饮服务、旅游服务等项目。

（四）选择专业化模式

体育企业有选择地确定若干个细分市场作为目标市场，分别为之提供不同的产品与服务。在实际市场选择时，不同的细分市场因为其可能的赢利性而被选中，但这些细分市场之间可能根本没有任何内在的联系。体育产品多的企业一般都会选择这类模式。采用这类模式的优点在于可以分散体育企业的风险，即使某个市场不再具有价值，企业仍可以在其他选定的目标市场获取利润。

（五）市场全面化模式

体育企业将整个体育市场选为目标市场，生产和提供各种体育产品来满足所有体育消费群体的需要与欲望。通常大型集团公司会采用这种目标市场选择模式，如×斯、×克公司等。

三、体育目标市场选择的策略

在分析各体育细分市场具体情况的前提下，企业还得从整体上考虑营销组合在目标市场覆盖范围上的针对性。通常企业有三种目标市场营销策略可以选用。

（一）无差别市场策略

无差别市场策略就是体育企业将整体体育市场作为一个大的目标市场，只考虑市场需求的共性，不考虑细分市场之间的区别，仅推出一种产品、单一的营销组合来满足所有体育消费者的需求，致力于顾客需求中的相同之处。在市场供不应求、生产观念和推销观念阶段，往往采用这种策略。

对于大多数产品，无差异市场营销策略并不合适。首先，市场适应能力差，不能完全满足旅游者的差异需求。因为单一产品要以同样的方式广泛销售并受到所有消费者的欢迎，这几乎是不可能的。其次，加剧了市场竞争，从而减少企业的经济效益，增加经营风险。当众多企业如法炮制，都采用这一策略时，会造成市场竞争异常激烈，同时在众多较小的细分市场上消费者的需求将得不到满足，这对企业和消费者都是不利的。

因此，无差别市场策略主要适用于市场上供不应求或竞争较弱的体育产品市场，如垄断性体育产品市场。

（二）差别性市场策略

差别性市场策略是指体育企业把整个体育市场划分为若干个细分市场，从中选择不止一个细分市场作为自己的目标市场，并有针对性地进行营销组合以适应体育消费者不同的需要，凭借体育产品与市场的差异化，获取最大的销售量。采用这种策略的优点是能更好地满足各类体育消费者的不同需求，有利于增加体育企业的总销售额，提高体育产品的竞争力。如果同时在几个体育细分市场占有优势，有利于树立体育企业在体育消费者心中的形象，从而有利于经济效益的提高。其缺点是产品品种增多，价格、销售手段、销售渠道多样化，增加管理难度，提高生产成本和销售费用，影响经营效率。一般大公司采用这一策略。例如，×克公司针对篮球顾客推出乔丹系列产品，并采用不同的广告主题来宣传这些产品，采用的就是差别性营销策略。

（三）密集性市场策略

密集性市场策略也称集中市场策略，是指体育企业在体育市场细分的基础上只选择一种或极少数几种细分市场作为体育目标市场，集中企业的全部营销力量实行高度的专业化经营，争取在这些子市场上占有大量份额。通常该策略适合中小型体育企业和一些体育资源独具特色、能吸引一定类型体育消费者的地方。其指导思想是：与其在一个大市场上有很小的占有率，不如在一个或几个细分市场上有较大的市场占有率；与其在总体市场上处于被动、劣势的地位，不如在个别市场上处于主动、优势的地位。如生产运动服的企业，只选择生产泳装或只选择生产健美服等。

体育目标市场定位战略

一、体育目标市场定位概述

"定位"由艾尔·里斯（Al Reis）和杰克·特劳特（Jack Trout）提出。他们最初对定位的解释是定位起始于产品。定位并不是对产品本身做什么，而是对潜在的消费者的心理采取行动，即在潜在消费者心中为产品确定一个位置。定位在目前的营销理论中占据重要地位，构成了营销STP（市场细分、目标市场选择与市场定位）战略的最后一个阶段。

定位对于体育企业营销同样至关重要。概括地讲，体育目标市场定位就是设计公司的产品和形象以在所选定的体育目标市场心中占据一个独特的位置。体育市场定位的目标是要将企业、品牌或产品留在消费者心目中，以实现企业的永续经营并获得尽可能多的利益。

市场细分和目标市场选择之后，必须准确地定位公司的产品，本企业产品在目标消费者心中的地位，主要取决于市场对企业产品的认可。

二、体育目标市场定位的依据

为获得竞争优势而进行的市场定位的主要依据：一是要确定企业可以从哪些方面寻求差异化；二是找到企业独特的卖点。

（一）差异化

1. 体育产品差异化

体育市场定位的出发点和根本要素在于确定体育产品的特色，即体育企业在进行市场调研、了解竞争对手体育市场定位的基础上，充分挖掘和创造自身的特色，避免与竞争对手定位的雷同。要使公司的产品和形象在顾客心目中形成"独特的有价值的地位"，唯一的途径就是设计出比竞争者更为优越的、区别于竞争对手的产品和形象特征。体育产品的差异化主要体现在体育产品设计中的价格、服务属性与利益等方面的差异。

2. 体育形象差异化

体育市场形象分为功能性形象和象征性形象。体育市场的功能性形象是指由价格、服务内容与服务效果等方面所反映的体育产品的实际功效形象；而体育市场的象征形象是指体育企业塑造的体育产品的人格化形象，如友好的形象、贵族化的形象等。体育产品从整体产品上应重视象征形象的塑造，在单项产品上则应重视功能性形象的显示。

（二）寻求"卖点"

有效的差异化能为企业创造一个独特的"卖点"，即给消费者一个鲜明的购买理由。有效的差异化应遵循和满足重要性、独特性、优越性、可传播性、排他性、可承担性、盈利性等原则。

企业在定位时需避免以下三种常见的定位错误。

1. 定位不足

定位不足是指公司缺乏真正明确的定位，具体表现为企业发现消费者对其印象模糊或不觉得其具有特殊之处。

2. 定位过分

定位过分是指企业将自己的产品定位得过于狭窄，不能使消费者全面地认识自己的产品。定位过分限制了消费者对企业及其产品的了解，同样不利于企业实现其营销目标。

3. 定位模糊

定位模糊是指企业设计和宣传的主题太多，或定位变换太频繁，致使消费者对产品的印象模糊不清。这样会使产品无法在消费者心中确立鲜明的、稳定的位置，难以实现企业预期的营销目标并获得更多发展。

三、体育目标市场定位的步骤

市场定位的关键是企业要在目标市场上寻找出比竞争对手更强的竞争优势。市场定位就是围绕这一问题展开的。企业市场定位的目的是将本企业与竞争者区别开来，发挥自己的优势，争取更多的顾客。一个完整的市场定位过程通常由以下三个步骤来实现。

（一）通过市场调研，确定潜在竞争优势

企业市场营销人员必须通过一切调研手段，系统地设计、搜索、分析、把握和确定自己的潜在竞争优势。竞争优势主要有两种类型：一是同样条件下比竞争者定出更低的价格；二是提供更多的特色以满足顾客的特定需要。这样，就能在市场上占据有利的竞争地位。总之，企业在市场细分和目标市场选择上的基本战略，决定了它的竞争者是谁。同时，准确选择自己的竞争优势，为企业进行市场定位，最后依据自身的定位作出相应的营销决策。

企业识别潜在竞争优势的方法有三个：

（1）评估竞争者及其产品等方面的优势和劣势。它包括竞争者的具体业务经营状况、竞争者的营销和管理能力、竞争者的财务目标和能力、竞争者的研发力量和产品生产情况等。

（2）研究细分市场上消费者的需求特点及被满足的情况。掌握消费者的需求内容、需求量的大小、需求满足程度、需求变化趋势等，是企业进行市场定位的前提。

（3）与本企业资源相对照。发现消费者未满足的需求是前提，重要的是企业是否具备满足其需求的能力。它包括生产能力、技术水平、资金保证、营销能力等。

（二）准确地选择竞争优势

相对竞争优势是指企业在满足消费者的需要及欲望方面能够胜过竞争者的能力，是企业各方面实力与竞争者相比较的结果。这就要运用一定方法对企业的竞争优势加以评估，以准确选定企业产品的定位优势。企业要胜过竞争者，就要对企业竞争优势的若干因素进行比较分析（如产品开发、服务质量、销售渠道、品牌知名度等）确定企业现有的，或者具备发展潜力的，或者可以通过努力创造的相对竞争优势。如果企业已经识别出了苦干个潜在的竞争优势，必须选择其中几个竞争优势来给企业进行最终定位。

（三）显示独特的竞争优势

市场定位从本质上说又是一种市场沟通策略，因此必须把本企业的产品定位特色成功传递给目标顾客，在顾客心目中树立起本企业产品富有吸引力的特色形象，使之在目标顾客心中成为代表性的印象或形象。为此，企业首先应使目标顾客了解、知道、熟悉、认同、喜欢和偏爱本企业的市场定位，在顾客心目中建立与该定位相一致的形象。其次，企业应通过一切努力强化目标顾客形象、保持目标顾客的了解、稳定目标顾客的态度和加深目标顾客的感情，来巩固与市场相一致的形象。最后，企业应注意目标顾客对其市场定位理解出现的偏差或由于企业市场定位宣传上的失误而造成的目标顾客的模糊、混乱和误会，及时矫正与市场定位不一致的形象。需要说明的是，这些特点或突出之处都是顾客心目中的知觉，而不只是企业的自我标榜。

┃┃ 四、体育目标市场定位策略

一种新的体育产品或新品牌在目标市场上如何定位，如何塑造形象，即从什么角度来定位，是进行市场定位时首先遇到的问题。市场定位的策略很多，大致可概括为以下六种。

（一）根据产品特色进行定位

这是最为常见的一种定位策略，即根据自己产品的某种或某些优点，或者说是根据目标顾客所看重的某种或某些利益去进行定位。当企业的某种特性超出竞争对手的水平时，企业就应该在市场上重点强调产品的这些特性以推进市场的认可。

（二）根据"质量—价格"进行定位

"质量—价格"反映了消费者对企业产品实际价值的认可程度，即对产品"性价比"的分析判断。按照产品的"质量—价格"进行定位，包括两种情况：第一是强调质量和价格相符；第二是质高价低。一些企业采用质高价低的定位方式作为竞争手段以加速市场渗透，提高市场占有率。

（三）根据产品使用者进行定位

使用者定位方式是指企业主要针对某些特定顾客群体进行的促销活动，以期在这些顾客心中建立起企业产品"专属性"特点，激发顾客的购买欲望。这种定位方式能在一定程度上满足顾客的心理需求，促进顾客对企业产生信任感。

（四）根据产品的类别进行定位

这一方法是指企业可以通过变换自己产品类别的归属去进行定位。

（五）借助竞争者进行定位

借助竞争者进行定位也称为攀附定位，这种方法指的是一个企业可以通过将自己同市场声望较高的某一同行业进行比较，借助竞争者的知名度来实现自己的形象定位。

（六）心理逆向定位

心理逆向定位是指打破消费者一般思维模式，以相反的内容和形式标新立异地塑造市场形象。

本章小结 ——　　体育市场细分可以使体育经营者更清晰地认识市场，通过对市场的各种特性进行观察、整理和分析，进而发现新的市场机会，挖掘出新的市场特性。经过市场细分，每一个消费者群就是一个细分市场。市场细分是企业制订营销策略的关键环节，具有重要的作用及意义。目标市场就是企业设计、实施、维持营销组合的对象。企业的目的是对整个体育市场进行细分后，再对各细分市场进行评估，以满足其需求并达到双赢。体育目标市场定位就是设计公司的产品和形象以在所选定的体育目标市场中占据一个独特的位置。实际上就是要设法建立与竞争者的差异优势，以便为本企业的产品确定一个有利的竞争位置。

因此，体育企业必须进行市场细分，从而准确地了解和把握各类细分市场上顾客的需求。另外，由于各个细分市场的吸引力大不相同，每家企业所具有的资源以及经营目标都有其具体情况，必须按照确定的标准，选择一定数量的细分市场作为其目标市场。体育企业为了在目标市场上取得竞争优势，必须为目标市场上的顾客提供优越于竞争对手的产品和服务，即公司必须为自己的产品进行产品定位。

回顾与练习

1. 概述市场细分的含义。

2. 市场细分的标准有哪些？该如何运用？

3. 什么是目标市场？影响目标市场选择的因素有哪些？

4. 企业在选择目标市场时有哪些战略？

5. 什么是市场定位？请简述市场定位的步骤。

第五章
体育市场营销调研与市场预测

【学习任务】

　　体育市场营销调研是体育市场营销的起点，体育企业进行营销决策时需熟悉与了解市场营销环境。通过本章学习体育市场营销环境的基本概念，体育市场营销调研的基本内容、方法，预测当前和未来体育市场需求情况，在深入调查并掌握大量信息的基础上，作出各种科学合理的决策。

【学习目标】

● 掌握体育市场营销环境的概念、特点及构成要素。

● 了解体育市场营销调研的基本概念和内容。

● 理解各种调研方法的特点并能够进行实际调研操作。

● 掌握体育市场营销预测的内容、步骤。

【学习地图】

体育市场营销环境→体育市场营销调研→体育市场营销决策

第一节 体育市场营销环境

一、体育市场营销环境概述

任何企业总是生存在一定环境之中，企业的营销活动不可能脱离环境而单独进行，体育企业也不例外。菲利普·科特勒的"大市场营销"理论认为，企业要成功进入特定的市场，在策略上应协调运用经济、心理、政治和公共关系等手段，以获得有关各方面的合作与支持，为企业从事营销活动创造一个宽松的外部环境。体育企业应主动适应环境，并采取积极措施以主动影响和改变环境，这样才能提高体育市场营销活动的有效性，使环境有利于体育企业的生存与发展。

（一）体育市场营销环境的概念

按照菲利普·科特勒的解释，市场营销环境是影响企业市场和营销活动的不可控制的参与者和影响力。具体地说，就是"市场营销环境是影响企业市场营销的管理能力，使其能卓有成效地发展和维持与目标顾客交易及关系的外在参与者和影响力"。因此，体育市场营销环境是指与体育企业营销活动有潜在关系的所有外部力量和相关因素的集合，它是影响体育企业生存与发展的各种外部条件。

体育企业市场营销环境的内容既广泛又复杂，不同的因素对营销活动的影响也不尽相同，同样的环境因素对不同的体育企业所产生的影响也不同。一般来说，体育市场营销环境主要包括两方面的构成要素：一是微观环境要素，即指与体育企业紧密相连，直接影响其营销能力的各种参与者，这些参与者包括体育企业的供应商、营销中间商、顾客、竞争者以及社会公众和影响体育营销管理决策的企业内部各个部门；二是宏观环境要素，即影响体育企业微观环境的巨大社会力量，包括人口、经济、政治、法律、科学技术、社会文化及自然地理等多方面的因素。微观环境直接影响着体育企业的市场营销活动，而宏观环境主要以微观营销环境为媒介间接影响体育企业的市场营销活动。微观环境可称为直接营销环境，宏观环境可称为间接营销环境。直接营销环境受制于间接营销环境。

（二）体育市场营销环境的特点

1. 体育市场营销环境存在的客观性

体育市场营销活动处于宏观和微观环境中，不以人的意志为转移。任何一种体育市场营销活动都是在一定环境中进行的，没有环境的存在，营销活动就失去了存在的空间，失去了活动的基本保证条件。因此，只要营销活动存在，就必须面对客观存在的环境。

2. 体育市场营销环境的差异性

在不同的国家或地区之间，宏观环境存在着广泛的甚至巨大的差异。如中国和美国在政治、法律、经济和文化等方面存在巨大差异，体育管理体制截然不同。即使在同一时期，不同体育企业所处的微观环境也存在差别。

3. 体育市场营销环境要素的相关性

体育市场营销环境本身就是一个复杂的大系统，有着复杂多样的构成要素和子系统，形成特定的结构和功能，互相之间存在着各种各样的联系和制约。

（1）某一环境因素的变化会引起其他因素的相应变化。如2010年3月，国务院办公厅发布了《关于加快发展体育产业的指导意见》，之后2014年10月20日又发布了《关于加快发展体育产业促进体育消费的若干意见》，各地积极落实中央精神，出台了推动体育市场发展的积极政策，这些政策的实施，影响了体育产业结构的调整，拉动了体育产业投资，并为体育产业的发展创造了新的机遇。

（2）体育企业营销活动受多种环境因素的共同制约。体育企业的营销活动不仅受单一环境因素的影响，而且受多个环境因素的共同制约。如体育企业的产品开发，就要受制于国家环保政策、技术标准、消费者需求特点、竞争者产品、替代品等多种因素的制约，如果不考虑这些外在的因素，就很难预测生产出来的产品能否进入市场、市场需求能否达到理想的目标。

4. 体育市场营销环境的多变性

体育营销环境是一个动态的大系统，其各种因素和力量都在不断变化，如政策、经济、技术、竞争、顾客需求等。环境的变化有多种形态，有稳定的、缓慢的渐变，也有迅猛的突变。这些变化往往给企业带来或大或小，或直接或间接，或利好或利空的不同影响。如1990年前后，受到亚洲金融风暴的影响，日本的很多滑雪和高尔夫经营难以为继，甚至倒闭。体育企业虽然不能准确预见环境变化，但必须持续关注环境的变化趋势，及时调整企业营销战略与策略。

二、体育市场宏观营销环境分析

体育市场营销宏观环境是由人口要素、经济环境、自然环境、技术环境、政治法律环境、社会文化环境等要素构成，这些环境因素对体育市场营销活动的影响，主要是以间接的形式并借助于微观营销环境为媒介作用于体育企业的营销行为。体育企业应从外部营销环境中寻找未被满足的需求和趋势，分析宏观环境因素的变化和走向，掌握竞争对手的策略和可能的变化。这一切都是为了识别营销环境不断创造出来的机会和可能形成的威胁。

（一）人口环境

人口环境对营销者来说是非常重要的环境因素。因为消费者市场是由具有一定购买力和购买欲望的人组成的，没有人口，市场需求就无从谈起。就体育企业营销活动而言，无论是进行市场细分、选择目标市场，还是制订营销组合，都离不开对人口环境的分析。

人口统计学研究不同国家、地区或城市的人口规模和增长率，人口的自然构成（性别、年龄）和社会构成（民族、职业、受教育程度、收入等），家庭人口规模，人口的地理分布和迁移等方面的问题，都能够为体育营销者提供有价值的信息。

（二）经济环境

经济环境是指体育企业营销活动所面临的外部社会条件，其运行状况及发展趋势会直接或间接地对企业营销活动产生影响。

1. 直接影响体育营销活动的经济环境因素

市场不仅是由人口构成的，而且这些人还必须具备一定的购买力。一定的购买力水平是形成市场规模大小的决定因素，同时也是影响体育企业营销活动的直接经济环境。

（1）消费者收入水平。消费者收入是指消费者个人从各种来源所得的全部收入，包括消费者个人的工资、退休金、红利、租金、赠予等收入。消费者的购买力来自消费者的收入，但消费者并不是把全部收入都用来购买体育商品或体育劳务，购买力只是收入的一部分或小部分，体育消费毕竟是精神方面的需要，属于中、高层次的发展消费和享受消费。随着社会生产的发展、生产力水平的提高、人们收入的增加，体育消费在整个消费中所占的比重会逐渐上升。

（2）消费者支出模式和消费结构。随着消费者收入的变化，消费者支出模式会发生相应变化，继而使一个国家或地区的消费结构也发生变化。西方经济学家常用恩格尔系数来反映这种变化。恩格尔系数是衡量一个国家、一个地区、一个城市、一个家庭生活水平高低的标准，反映了人们收入增加时支出变化趋势的一般规律。恩格尔系数表明，一个家庭的收入越少，其总支出中用来购买食物的比例就越大。随着家庭收入的增加，用于购买食物的支出占总支出的比例会下降，而用于教育、卫生、娱乐等方面支出的比重将会上升。我国经济水平的提高带动了体育产业的快速发展。在2010年全国体育产业工作会议上，国家体育总局发布了第一次中国体育及相关产业专项调查的数据。数据表明：2006年，我国体育产业增加值982.89亿元，占当年GDP的0.46%；2007年，体育产业增加值1265.23亿元，占当年GDP的0.49%，比2006年增长22.83%；2008年，实现增加值1554.97亿元，占当年GDP的0.52%，比2007年增长16.05亿元。

（3）消费者储蓄和信贷情况。消费者的购买力还要受储蓄和信贷的直接影响。储蓄是将当前的购买力推迟到未来某一时刻。消费者储蓄一般有两种形式：一是银行存款；二是购买有价证券。当收入一定时，储蓄越多，现实消费量就越小，但潜在消费量越大；反之，储蓄越少，现实消费量就越大，但潜在消费量越小。体育企业营销人员应当全面了解消费者的储蓄情况，尤其是要了解消费者储蓄目的的差异。这就要求体育企业营销人员在调查、了解储蓄动机与目的的基础上，制订不同的营销策略，为消费者提供有效的体育产品和体育劳务。

信贷是将未来的购买力提前。所谓消费者信贷，是指消费者凭信用先取得商品使用权，然后按期归还贷款以购买商品。西方国家盛行的消费者信贷主要有短期赊销、购买住宅分期付款、购买昂贵的消费品分期付款、信用卡信贷。

2. 间接影响体育营销活动的经济环境因素

（1）经济发展水平。体育企业的市场营销活动要受到一个国家或地区的整体经济发展水平的制约。经济发展阶段不同，居民的收入不同，顾客对体育产品的需求也不一样，从而会在一定程度上影响体育企业的营销。例如，以消费者市场来说，经济发展水平比较高的地区，在市场营销方面强调体育产品的款式、性能及特色，品质竞争多于价格竞争。而在经济发展水平低的地区，则较侧重于体育产品的功能及适用性，价格因素比产品品质更为重要。因此，对于经济发展水平不同的地区，体育企业应采取不同的市场营销策略。

（2）经济体制。世界上存在着多种经济体制，有计划经济体制、市场经济体制、计划—市场经济体制、市场—计划经济体制等，不同的经济体制对体育企业营销活动的制约和影响不同。我国传统的计划经济体制下，由于实行了平均主义的分配政策，人们收入水平比较接近，这决定了人们具有同一档次的体育消费需求水平和消费结构，只能发展一些不付费的公益体育活动，如乒乓球、篮球、田径等体育活动。而社会主义市场经济条件下，实行按劳分配与按生产要素分配相结合的分配政策，鼓励一部分人先富起来，收入差别逐步拉开，当人们对体育产品的消费需求在总体水平提高之时，需求结构也在发生变化。现阶段，我国正处于计划经济体制向社会主义市场经济体制的过渡时期，两种体制并存，两种机制并存。我国由过去高度集中、形式单一的体制，逐步转向多形式、多渠道、多层次的竞争体制，表现为所有制的多元化和经营方式的多元化。目前，我国体育部门的所有制形式是多元化的，国有、集体、个人、私营外资、中外合资等各种经济成分均活跃在我国的体育市场上，经营方式也趋于多元化。公益性体育服务与经营性体育服务同时并存于我国的体育服务领域。

（3）地区与行业发展状况。我国地区经济发展很不平衡，形成了东部、中部、西部三大地带和东高西低的发展格局，同时在各个地区的不同省市，还呈现出多极化发展趋势。这种地区经济发展的不平衡，对体育企业的投资方向、目标市场以及营销战略的制订等都会带来巨大影响。

（三）自然环境

一个国家或一个地区的自然地理环境包括该地的自然资源、地形地貌和气候条件，这些因素都会不同程度地影响体育企业的营销活动，有时这种影响对企业的生存与发展起决定性的作用。近年来，逐渐受到大量户外运动爱好者青睐的滑雪、高尔夫球、登山、徒步山地车、漂流、潜水等体育项目，对自然环境要求较高。

（四）技术环境

技术环境涉及国家、地区、行业的科学技术发展速度与水平、科技政策、基础研究、应用研究、技术开发的投入、科技人才、科技发展趋势、技术创新能力、技术贸易、社会与民众的科技意识等要素。科学技术的发展直接影响体育企业的经济活动，造就一些新的行业、新的市场，又使一些旧的行业与市场走向衰落。科学技术的发展促进体育产品更新换代速度加快，产品的市场寿命缩短，也使人们的生活方式、消费模式和消费结构发生深刻的变化等。科学技术的进步和发展，必将给社会经济、政治、军事以及社会生活等各个方面带来深刻的变化，这些变化也必将深刻地影响体育企业的营销活动，给体育企业造成有利或不利的影响，甚至关系到体育企业的生存和发展。因此，体育企业应特别重视科学技术这一重要的环境因素对企业营销活动的影响，以便能够抓住机会，避免风险，求得生存和发展。

（五）政治法律环境

政治与法律是影响体育企业营销活动的重要宏观环境因素。政治因素像一只无形的手，调节着体育企业营销活动的方向，法律则为体育企业规定商贸活动的行为准则。政治与法律相互联系，共同对体育企业的市场营销活动发挥影响和作用。

1.政治环境

政治环境指体育企业进行市场营销活动的外部政治形势以及国家政策方针的变化对体育市场营销活动带来的或可能带来的影响。它包括政治局势、方针政策和国际关系等。2014年，国务院印发了《关于加快发展体育产业促进体育消费的若干意见》（以下简称《意见》），积极部署扩大体育产品和服务供给，推动体育产业成为经济转型升级的重要力量，促进群众体育与竞技体育全面发展，加快体育强国建设，不断满足人民群众日益增长的体育需求。《意见》把全民健身上升为国家战略，把增强人民体质、提高健康水平作为根本目标，把体育产业作为绿色产业、朝阳产业进行扶持，强调向改革要动力，向市场要活力，力争到2025年，体育产业总规模超过5万亿元，成为推动经济社会持续发展的重要力量。

2.法律环境

法律是体现统治阶级意志，由国家制定或认可，并以国家强制力保证实施的行为规范的总和。对体育企业来说，法律是评判体育企业营销活动的准则，只有依法进行各种营销活动，才能受到国家法律的保护。法律环境涉及国家的立法、司法和执法机构，国家法律、法规、法令等的规范和约束，国家主管部门及省（自治区、直辖市）颁布的各项体育法规、法令和条例等。因此，体育企业开展市场营销活动，必须了解并遵守国家或政府颁布的有关体育经营、贸易、投资等方面的法律法规。近年来，我国体育立法工作取得很大进展。《奥林匹克标志保护条例》《公共文化体育设施条例》《社会体育指导员国家职业标准》等重要法规相继由国家职能机构颁布实施，初步形成了以《体育法》为基本法律，有关法规、规章相配套的体育法律法规体系的基本框架。这使各项体育经营发展做到有法可依、有章可循。

（六）社会文化环境

社会文化环境主要是指一个国家或地区的价值观念、生活方式、风俗习惯、宗教信仰、伦理道德、教育水平、语言文字等营销环境因素。文化指一个国家或民族的历史、地理、风土人情、传统习俗、生活方式、文化艺术、行为规范、思维方式、价值观念等。社会与文化环境对人们的生活方式、消费与购买行为、价值观念及行为准则的形成有重要影响。同时，不同文化背景下的人对体育态度和体育消费方式等有较大的差异。

体育营销的目的是通过满足消费者需求和欲望来实现利润。作为营销者，每时每刻都要处理文化和人（市场）的问题。在体育促销时，必须使用意义明确的符号。在体育产品设计时，产品的风格和用途及相关的其他市场活动必须与现有的社会文化相适应，产品才能被接受，才会有意义。事实上，文化渗透到体育营销的各项活动中，包括定价、促销、分销渠道、产品、包装及产品风格。因此，营销者必须充分了解和全面审视营销环境，才能对营销产品、策略等利弊作出正确判断。

三、体育市场微观营销环境分析

体育市场微观营销环境是由参与和影响体育企业营销活动并且具有不同性质的利益相关者组成的，包括体育企业、供应商、营销中介、顾客、竞争者及社会公众，它们共同构成体育企业市场营销的微观环境。

（一）体育企业

体育企业是由多个职能部门或多个管理层次构成，营销部门是其中的核心构成之一，是承担体育企业营销职能的专门机构，需要完成相应的营销职能。它并不是孤立存在的，还面对着其他职能部门（财务、采购、研发、生产等部门）的协调配合以及高层管理部门的领导指挥。因此，体育企业内部营销环境分析就是从整合营销理念出发，分析营销部门是否正确理解了决策层的意图，体育企业内部各部门、各个管理层次之间的分工是否科学，协作是否和谐。营销部门要以体育企业总体战略目标为指导制订本部门的战略和目标，努力争取决策层的认同以及其他职能部门的理解。体育企业内部认识一致是有效开展工作的前提。

（二）供应商

供应商是为体育企业提供生产经营所需资源的企业或个人，提供的资源包括原材料、零配件、劳务及其他用品。供应商供应的原材料价格的高低和交货是否及时，数量是否充足等，都会影响体育产品的成本、售价、利润和交货期。因此，体育企业对供应商的影响力要有足够的认识，尽可能与其保持良好的关系，开拓更多的供应渠道，保持对关键供应商的动态了解，以保证自身业务活动的稳定。

体育市场上的各种商品来源渠道较复杂，提供一些劳务性商品的供给者的变数也较大。竞赛表演市场的不同赛事产品具有公共性、准公共性和私人性的不同属性，提供者可能是政府（如全运会等），可能是企业（如大奖赛等），也可能是由行业协会主办、由企业运作（如俱乐部联赛等），因此，有些赛事产品供应的时间相对固定，无法根据市场的需求决定。此外，提供直接赛事产品的"表演者"也只能根据赛事的安排和规则，不能由消费者或经销人员确定。然而，营销部门可以根据市场需求，利用相关资源，组织各种商业性比赛。

（三）营销中介

营销中介是指直接或间接协助企业产品促销、销售的组织和个人，包括中间商、实体分配公司、营销服务机构和财务中间机构。这些都是市场营销不可缺少的环节，大多数企业的营销活动，都必须通过他们的协助才能顺利进行。正因为有了营销中介所提供的服务，才使得体育企业的产品能够顺利地转移到顾客手中。保持与中介机构的良好关系，把中间商的活动纳入企业整体营销活动体系中去，相互协调，形成中间商与企业和消费者密切联系的商业氛围，才能使市场更加活跃。目前，体育市场形成了有运动员中介、体育赛事中介和体育组织中介。运动员中介是以运动员为委托人，为运动员提供服务的体育经纪活动，主要包括运动员转会中介、运动员参赛中介、运动员无形资产开发中介以及运动员日常事务代理等。体育赛事经纪是指居间、行纪、代理体育比赛和体育表演的筹划、组织、宣传、推广，包括赞助广告、特许使用权开发等的经营活动。体育组织中介是指围绕着体育组织资源进行居间、行纪、代理的经纪活动，主要包括体育组织无形资产的开发、体育发展规划、重组咨询等几个方面。在我国，体育组织主要有体育社会团体组织、体育行政机构、体育事业组织、体育企业等几种形式。

（四）顾客

顾客是体育企业最重要的微观环境因素，是体育企业服务的目标市场和营销活动的对象。企业的顾客可分为消费者、生产者、中间商以及非营利组织与政府等，每一类顾客就是企业的一类市场。由于各类体育市场的购买目的不同，需求存在差异而且经常变化，对所需的体育产品和服务提出了新的要求。因此，体育企业要深入研究目标市场，针对不同顾客的特点提供适合的产品。体育企业要经常思考以下问题：顾客期望得到满足的新需求是什么？有此需求的顾客有多少？这种需求可能维持多久？未来发展的趋势如何？谁最可能成为公司的顾客？

（五）竞争者

竞争是商品经济的基本特征，只要存在着商品生产和商品交换，就必然存在着竞争。体育企业在目标市场进行营销活动的过程中，不可避免地会遇到竞争者或竞争对手的挑战，因为只有一个体育企业垄断整个体育目标市场的情况很少出现。即使一个体育企业已经垄断了整个目标市场，竞争对手仍然有参与进来的可能，因为只要存在着需求向替代品转移的可能性，潜在的竞争对手就会出现。

从市场营销的角度分析，体育企业在市场上面临四种类型的竞争者。

1. 愿望竞争者

愿望竞争者也称欲望竞争者，是指来自不同行业的供应商向同一消费者群体提供不同的产品和服务，以满足不同需求的竞争者。消费者的愿望是多样的，如吃、穿、住、行及运动、社交、旅游、娱乐等。假如某消费者目前需要出国旅行、观看NBA赛事、购买珠宝等，但其购买能力只能允许满足其中之一，该消费者经过多方面考虑，决定去美国观看NBA赛事。这一购买决策，实际上就是各类消费品出售者之间为争取该消费者成为自己的顾客而进行竞争的结果。实际上，愿望竞争者是在争夺消费者的货币投向。因此，体育营销者可以把所有争取同一消费群体的其他企业看作是竞争者。

2. 类别竞争者

当消费者确定要满足某一种愿望时，他面临着满足这种愿望的种种方法，企业这时面临的是类别竞争，提供这种方法的企业就是类别竞争者，如满足消费者对体育运动的需求可以是羽毛球运动、乒乓球运动、篮球运动或网球运动，这四类健身俱乐部之间就形成了一种相互竞争关系。

3. 品牌竞争者

品牌竞争者是指向相同的顾客群提供不同品牌的相同体育产品和服务的竞争者。这些竞争者之间展开直接的竞争，如×斯和×克等体育服装用品厂商之间展开的品牌竞争。

4. 行业竞争者

行业竞争者是制造或经营同样或同类产品和服务的其他企业。与品牌竞争者不同，行业竞争者与本企业尽管提供的产品和服务是相同的或者同类的，但是由于市场定位不同，目标市场也不同，满足的是不同顾客相同或相近的需求。如国产361°与×斯运动服，前者定位是中低端的运动服，后者则是定位高端的运动服。

第二节 体育市场营销调研

体育市场营销调研是体育企业决策者了解消费者、竞争对手及市场状况，把握顾客需求的一种重要手段，是辅助体育企业决策的基本工具。对于现代体育管理者来说，熟悉和掌握体育市场营销调研的基本方法和基本技能是非常必要的。只有掌握了充分的体育市场信息，才能进一步发现市场机会，选择服务的目标市场，进行准确的市场定位，进而制订出科学合理的产品策略、价格策略、分销策略和促销策略，以提高体育企业的竞争能力。

一、体育市场营销调研概述

（一）体育市场营销调研的概念

体育市场营销调研又称体育市场调研、体育市场调查或体育市场研究。一般来说，体育市场营销调研有广义和狭义之分。广义的体育市场营销调研包含了从认识体育市场到制订营销决策的一切有关体育市场营销活动的分析和研究，狭义的体育市场营销调研则更偏重于信息资料的收集和分析，以便提出解决问题的建议，为体育经营者制订正确的营销决策提供依据。

（二）体育市场营销调研的内容

在当今社会中，体育市场信息瞬息万变，体育市场调研能够帮助体育企业从信息的海洋中提取有用信息，正确认识自己在体育市场中的地位，把握好市场的机会。体育市场营销调研已经成为体育企业营销决策中不可或缺的工具，可以为企业的决策者提供体育产品的市场占有率、品牌知名度、广告效果的评估等方面的信息。总体而言，体育市场营销调研的基本内容可以划分为营销环境调研、体育消费者调研、体育市场营销组合影响的调研、体育市场竞争调研四个方面。

1. 营销环境调研

营销环境是决定体育企业市场营销成败的关键因素，一切营销组织都处于特定的环境之中。体育企业的营销环境研究主要是对其宏观环境的研究，包括政治法律环境、经济环境、社会文化环境和科学技术环境。在一定时期内，政府的经济方针政策、法律法规、国民收入、物价水平、消费水平与结构、风俗习惯、科技发展水平与发展趋势等，都会对体育企业的发展产生重要影响。一般来说，体育经营单位的体育市场调研很少直接进行这些不可控制因素的调查研究，而是采用间接的方式，即通过报纸、杂志等渠道获得情报资料。

2. 体育消费者调研

体育消费者调研主要是采用心理学和社会学的方法，调查研究体育消费者心理与行为特征，通过对体育消费者的购买行为和购买决策过程的调研分析，来了解体育消费者购买动机、购买习惯和购买欲望等方面的信息，进而探索体育消费者的购买心理及消费观念等。体育消费者调研一般包括以下具体内容：

（1）体育消费者由哪些群体组成？

（2）体育消费者购买力水平及消费结构如何？

（3）体育商品谁购买、购买什么、何时购买、何地购买、为什么购买、如何购买及哪些因素会影响体育消费者的购买决策？

（4）体育消费者对体育劳务或服务产品以及体育实务消费品的要求，购买动机和购买习惯是什么？

（5）体育消费者满意度与忠诚度调研，包括消费者对体育产品或体育服务的总体满意度，对其他各方面的满意度；满意以及不满意的原因；消费者对改进体育产品或体育服务的意见；等等。消费者忠诚度调研的内容包括体育消费者行为的忠诚度和体育消费者态度的忠诚度等。

3. 体育市场营销组合影响的调研

体育市场经营组合的各个因素，包括产品、价格、促销和分配。体育市场经营组合影响就是指这些因素对体育产品销售情况的影响，这是对体育经营单位可控制因素的调研，因此对这些因素应分别进行调研。

（1）体育产品与体育品牌调研。体育产品是消费者利益的载体，体育品牌则代表了体育企业向消费者传递的信息，良好的品牌形象能使顾客保持对体育企业或体育品牌的满意与忠诚。体育产品销售调查主要是指体育消费者对组织产品的评价、对新产品开发和服务改进的信息反馈等。如国内外知名体育用品公司不断地调查和了解客户对产品的反馈信息旨在调整和完善其产品功能和提高服务质量。

（2）价格调研。价格调研包括体育消费者对体育劳务或服务消费品及体育事务消费品价格变动的反应调研，新开发的体育消费品价格调研，各类运动竞赛联票、套票以及个别票、团体票的价格调研等。

（3）促销调研。促销调研包括广告研究、广告媒体的调研、广告效果的测定、广告预算的拟订以及其他促销方式的研究。

（4）分配调研。分配调研包括预售和代销渠道的调研，以及中间商、经销单位的销售状况调研等。

4. 体育市场竞争调研

知己知彼，百战不殆。体育企业要在竞争日趋激烈的市场中取胜，必须充分了解竞争者的各种情况，认真地分析敌我双方的优点和缺点，学会扬长避短，发挥相对优势。体育企业必须明确自己的竞争对手是谁，自己的竞争优势何在，自己的营销策略是怎样的，自己有什么营销动向，等等。可见，体育企业熟悉竞争对手与熟悉自己同样重要。竞争情况调研的内容有：

（1）同行业竞争者有多少？

（2）各竞争对手的经营实力如何？体育市场占有率是多少？

（3）竞争者体育产品的品种、数量、成本、价格和利润水平如何？

（4）竞争者的体育市场经营方针及策略是什么？

（5）各竞争对手的优势和劣势是什么？

通过对竞争者的调研，了解和掌握竞争者的行为对本体育经营单位的体育产品，在体育市场上销售可能产生的影响，以便制订有效的经营和竞争的战略。

（三）体育市场营销调研的类型

可以从不同的角度将市场营销调研分为不同的类型，每一种类型的市场营销调研活动都具有一些特点，因此在调研操作中应选择相应的调研方法。

1. 按市场营销调研的目的分类

按市场营销调研的目的分类，可以分为探索性调研、描述性调研、因果关系调研和预测性调研。

探索性调研是从假设出发，探索出企业问题的一种研究方法，其目的是提供一些资料以帮助调研人员认识和理解所面对的问题，并提出必要的研究假设，是一种基础的市场调研，常用于一项调研的前期阶段。探索性调研主要是发现问题和提出问题，以便确定调研的重点。如调研的目的——我们的服务怎样才能得到改进？调研的问题——导致顾客不满的本质是什么？探索性调研有利于提供更好的思路和更多的资料。这类调研常用的具体调研方法包括文案调研法、个案研究法、深层访谈法、小组座谈法等。

描述性调研是对需要研究的客观事实的资料进行收集、记录、分析的正式研究。其目的主要是描述市场的特征或功能，但不涉及问题的本质和影响事物发展变化的内在原因。如有多少人愿意花300元购买一件运动T恤。描述性调研的特征主要是有事先确定的具体的假设以及事先设计好的结构化方法，主要说明被调研内容"是什么"或"怎么样"为特征，而不要求研究其原因与结构的关系。常用的方法有文案调研法、抽样调查、固定样本连续调查、观察法、模拟法等。

因果关系调研是从已知的相关变量出发，以确定有关事物的各变量之间因果关系的一类调研。其目的有二：一是了解哪些变量是原因性因素即自变量，哪些变量是结果性因素即因变量；二是确定原因和结果，即自变量与因变量之间相互联系的特征。因果关系调研的特征主要是：需要处理一个或多个独立变量，控制其他中间变量或间接变量。如调研目的是增加体育服务人员的数量能否带来利润；调研的问题是体育服务人员的人数与营业收入之间的关系。常用的方法为实验法。

预测性调研是通过收集、分析和研究过去和现在的各种体育市场情况资料，运用预测方法、研究和估计未来的一定时期内市场对某种体育商品的需求量和变化趋势。如邀请一支国外球队来国内进行商业性比赛，就应该事先作一个预测性调研，研究分析这一赛事的市场需求状况、球迷感兴趣的程度以及球票的定价等问题。

2. 按市场信息收集的范围分类

按市场信息收集的范围分类，可以分为全面调研、重点调研、典型调研和抽样调研。

全面调研是对体育市场调研的项目中有关体育市场范畴的全部因素进行调查的一种方式。虽然这种调查方式可以取得全面的原始资料和可靠数据，但要花费较多的人力、物力、财力和时间。

重点调研是对体育市场调研中起决定性作用的项目进行调查。这种调查方法可靠性高，可以避免决策失误，较快地掌握被调查对象的基本情况。

典型调研是在体育市场调研中只选择具有代表性的因素进行专门调查，目的是以代表性的样本的指标来推断总体指标。这种调查方式可以获得详尽的资料，便于组织决策。

抽样调研是指在体育市场调查中抽取一定数量的样本进行调查的一种方式。这种调查方式是用样本调查的结果来推算总体情况，目前应用范围较广。

3. 按市场营销调研的对象分类

按市场营销调研的对象分类，可以分为体育消费者调研、体育生产者调研、体育消费者及其购买行为调研、体育广告调研、体育产品调研、价格调研、销售渠道调研等。

4. 按市场营销调研分析的方法分类

按市场营销调研分析的方法分类，可以分为定量调研和定性调研。

定量调研是使用数学分析方法的调查研究方法，如邮寄调研法、电话调研法、面访调研法、网上调研法等，其结果一般都要进行量化分析。

定性调研是调研资料不经量化或数量分析的调查研究方法，如小组座谈法、深层访谈法、德尔菲法、观察法等。定性调研常用于分析态度、感觉和动机等。

（四）体育市场营销调研应注意的问题

1. 体育市场营销调研存在误差

在自然科学中，误差是指测量值与实际值之间的差异。体育市场营销调研中也存在误差，即抽样误差和非抽样误差。抽样误差是由抽样的偶然性造成的，不可避免，但是可以通过方案设计加以控制，而且可以事先估算。非抽样误差是由抽样以外的因素（主要是人为的差错）造成的，这种误差可能来自研究人员、调研人员或受访者。

2. 体育市场营销调研不能等同于营销决策

体育企业开展市场营销调研并不意味着一定会赚钱。市场营销调研的作用是为营销决策提供宝贵的参考资料和信息，研究人员只保证调研数据准确真实，对此不负法律责任。

3. 追求体育市场营销调研的系统性

组织管理者应将体育市场营销调研作为一个系统进行长期调研，这样才能获得真实的数据资料，避免调查结果的片面性和失真。体育企业得到调研结果之后，体育市场营销调研工作并没有结束，体育市场研究人员应该做进一步的追踪工作：一方面追踪调研的成效；另一方面按照调研结论加以实施。

二、体育市场营销调研的方法

体育市场调研的本质就是通过科学的方法，以客观的态度，系统、高效地收集与体育企业营销活动有关的信息，为体育企业的营销决策提供依据。所选的调研方法是否恰当，既决定着调研结果是否科学合理，也影响着调研资源能否有效利用。

（一）文案调研法

文案调研法又称案头调研法或二手资料分析法，是体育市场研究人员对现成的数据、报告、文章等信息资料进行收集、分析、研究和利用的一种市场营销调研方法，在探索性的研究阶段经常采用。文案调研法的优点是获取资料速度快、花费少，操作灵活且不受时空限制；缺点是针对性、准确性和客观性较差，需要采用适当的方法来验证这类资料。

采用文案调研法收集的信息资料包括体育企业内部资料和外部资料两种。体育企业的内部资料主要包括企业内部的各种报表、订货和发货记录以及销售人员和顾客的反馈信息等。体育企业的外部资料主要包括各级政府、非营利机构、贸易组织和行业协会以及各种商业出版物所提供的信息资料。

（二）观察调研法

观察调研法是调研人员在现场对调研对象的情况进行观察、记录，以取得市场信息资料的一种调查方法。在具体实施现场观察法进行市场调研时，调研人员通常不直接与被调查对象接触，而是通过亲身观察和用相关设备对调查对象的活动或现场事实作出的真实记录。

采用观察调研法可以比较客观地收集第一手资料，直接记录调研的客观事实和调研对象在现场的行为，调研结果更接近实际，特别便于对无法、无须或难以进行语言交流的市场现象进行调研。但这种方法的缺点是只能反映客观事实的发生经过，不能说明发生的原因和动机，如体育消费者的心理变化情况和市场变化的原因和动机等，因此对调研人员的技术水平要求相对较高。观察调研法的形式多种多样，主要有直接观察法、实地测定法和行为记录法三种形式。

（三）实验调研法

实验调研法是指从影响调研对象的若干因素中选择一个或几个因素作为实验因素（即自变量），在控制其他因素均不发生变化的条件下，观察实验因素的变化对调研对象（即因变量）的影响程度，从而为体育企业的营销决策提供参考依据。

实验调研法借助自然科学的实验法，实验的目的是寻找变量之间的因果关系，但其控制自变量因素的难度要比自然科学实验大。由于采用这种方法获得的资料排除了人为主观估计带来的偏差，试验中能有效控制实验环境，因此调研结果更精确。其缺点是体育市场因素变化大、难以控制，会影响实验结果，而且试验中的市场条件与真实的市场条件不可能完全相同，试验中获得成功的市场策略不一定适合真实的市场。

（四）问卷调研法

问卷是调查研究中用来收集资料的主要工具，它在形式上是一份精心设计的问题表格，其用途则是用来测量人们的行为、态度和社会特征。问卷调研法是指调查者将调查问题发送给（或者邮件给）被调查者，由被调查者自己阅读和填答，然后再由调查者收回的方法。问卷调研法可以分为个别发送法、集中填答法、邮寄填答法和网络调查法。问卷法的主要优点是节省时间、经费和人力；具有很好的匿名性；可避免人为因素的影响。其缺点是问卷的有效回收率有时难以保证，问卷法对被调查者的文化水平有一定要求，调查资料的质量常常得不到保证。

（五）访问调研法

访问调研法是指调查者依据结构式的调查问卷，向被调查者逐一地提出问题，并根据被调查者的回答在问卷上选择合适的答案的方法。访问法可以分为当面访问法、电话访问法等。当面访问法的主要优点是调查资料的质量较好，调查对象适用范围广。当面访问的缺点是访问员与被访者之间的互动有时会影响到调查的结果；当面访问导致匿名性比较差；当面访问调查的费用高，时间长，代价大；当面访问法对调查员的要求更高。电话访问法的主要优点是速度快，方式相对简便易行，也比较省钱，特别是对于内容比较简单的调查，电话访问的效果更好。当被调查者是某些专业人员时，电话访问也往往更为合适；电话访问十分便于对调查者进行监督和控制，它使得电话访问的质量比当面访问更容易得到保证。当然，电话访问存在一些不足的地方，其主要问题之一是被调查者的选取及代表性方面的困难。电话访问的另一个缺点是调查的时间不能太长，通常情况下控制在5分钟以内比较合适，最好不超过10分钟。

体育市场营销调研是一项复杂而重要的工作，根据体育市场调研的不同目的和内容，可以由体育经营单位自己组织人员开展调研活动。目前社会上已出现专业的市场调研公司，可以全权委托这些专业公司来开展体育市场调研活动。

第三节 体育市场营销预测

一、体育市场营销预测的概念

预测是应用一定的资料和方法，对事物未来的发展进行科学的判断和推测。简单地讲，预测是预计和推测。根据过去和现在预计未来，根据已知推测未知，以指导人们的未来行动。体育市场营销预测是指根据体育市场营销调研所取得的有关资料，运用科学的方法或手段，探索未来体育市场需求变化的规律和可能发展的趋势，为体育经营单位的经营决策和确定计划目标提供科学依据。体育市场营销调研和体育市场营销预测有着紧密的联系，体育市场营销预测往往是从体育市场调研开始，在体育市场调研的基础上作出科学的分析，没有可靠的调研资料，就不可能有准确的体育市场营销预测，体育市场营销调研是体育市场预测的前提。

二、体育市场营销预测的内容

体育市场营销预测的内容是多方面的，从对体育经营管理影响来看，主要有以下两方面的内容。

（一）体育市场体育劳务或服务产品消费需求预测

体育市场体育劳务或服务产品消费需求预测，是通过对过去和现在体育市场的销售状况和影响体育市场需求的各种因素的分析和判断，探索未来体育市场劳务或服务产品的需求量及变化趋势的预测。

体育消费者的体育消费需求受多种因素的影响，其中个人的经济收入水平及余暇时间的多少是两个比较重要的因素。另外，体育消费者的体育消费热点也在不断发生变化和转移。因此，进行体育市场体育劳务或服务产品的消费需求预测，就是要分析和研究影响体育消费者需求的各种因素及其变化趋势，从而为正确的体育经营决策提供依据。

（二）体育市场体育实物消费资料需求预测

体育市场体育实物消费资料需求预测，主要是指运动竞赛、培训等大型活动对运动器材、运动服装等体育实物消费资料的需求状况预测。由于运动竞赛、训练有集中且量大的特点，因此，搞好这方面的体育市场需求预测，对满足体育市场的需要、提高体育经营的效益是必不可少的。除此之外，也还要重视和强化体育消费者对体育实物消费资料需求的预测。因为随着参加体育活动人口的不断增加，对一些小型运动器材的需求量会不断增加。当社会上某一运动兴起的时候，对这一运动器材的需求量会急剧上升，随着住房条件的改善，对小型多功能的健身器材的需求量也不断升温。搞好这些体育实物消费资料的需求预测，对于满足社会体育消费需要，提高体育经营管理效益也是必不可少的。

三、体育市场营销预测的步骤

（一）确定预测目标

预测目标决定了预测的内容、范围、要求、期限，它是预测的主体，直接影响预测的结果。因此，确定体育市场营销预测目标要准确、清楚和具体。

（二）拟订预测方案

根据预测目标的内容和要求，编制预测计划并确定参加人员，为前面展开预测工作作好组织上、行动上的准备。

（三）收集整理资料

通过各种调查形式，收集、整理、筛选、分析与主题有关的各种资料，包括调查访问获得的一手资料和经过有关单位分析简化的二手资料；国家政府部门的计划资料、统计资料和调查报告；工商企业的计划、报表、统计资料；科研单位、学术团体、大专院校的科研成果；报纸、杂志；学术专著、论文公布的资料；国外科技经济情报及统计资料等，要去粗取精，去伪存真，由此及彼，由表及里，全面、真实、准确地占有相关资料。

（四）建立预测模型

在获得数据资料的基础上，根据有关市场营销理论、体育市场特点、预测目标、预测要求及实际情况，选择适当的预测和评估方法，确定经济参数，分析各种变量间的关系，建立起反映实际情况的预测模型。

（五）进行分析评价

利用选定的预测模型和方法，对各种变量数据进行具体计算并将获得的结果进行分析、检验和评价，若预测值与测算的实际值相差较小，在要求允许的范围之内，则预测效果好，可以采用；反之，则预测效果差，不能采用，应加以修正或重新预测。

（六）修正预测模型

当预测结果和实际情况差异较大时，应具体分析产生差异的原因，并及时加以修正、重新预算和预测。常用的修正方法有增加样本容量、增加解释变量个数、改变方程结构形式、根据平均误差的大小调整方程截距和改变预测方法等。

（七）写出总结报告

全面、完整、系统地总结体育市场营销预测，提交总结报告。其主要内容是预测目标、主要内容、具体方法、预测时间、参加人员、参考资料、实际结果以及分析评价意见，以供国家部门进行宏观调控和体育企业进行市场营销决策参考。

本章小结

体育市场营销环境是指与体育企业营销活动有潜在关系的所有外部力量和相关因素的集合，它是影响体育企业生存与发展的各种外部条件。一般来说，体育市场营销环境主要包括两方面的构成要素：一是微观环境要素，主要包括体育企业、供应商、营销中介、顾客、竞争者及社会公众六种主要因素；二是宏观环境要素，主要包括人口环境、经济环境、自然环境、技术环境、政治法律环境和社会文化环境六种主要因素。

体育市场营销调研有广义和狭义之分。广义的体育市场营销调研包含了从认识体育市场到制订营销决策的一切有关体育市场营销活动的分析和研究，狭义的体育市场营销调研则更偏重于信息资料的收集和分析，以便提出解决问题的建议，为体育经营者制订正确的营销决策提供依据。体育市场营销调研的基本内容为营销环境调研、体育消费者调研、体育市场营销组合影响的调研、体育市场竞争调研等。体育市场营销调研有不同的分类和方法，主要调研方法有文案调研法、观察调研法、实验调研法、问卷调研法和访问调研法。

体育市场营销预测是指根据体育市场营销调研所取得的有关资料，运用科学的方法或手段，探索未来体育市场需求变化的规律和可能发展的趋势，为体育经营单位的经营决策和确定计划目标提供科学依据。体育市场营销预测的内容主要是体育劳务或服务产品消费需求预测、体育实务消费资料需求预测。预测步骤分7步。

回顾与练习

1.为什么说体育市场外部营销环境对某个体育公司来讲一般是不可控制的？为什么有些环境因素又是可控制的？可控制的环境因素与不可控制的环境因素有何区别？

2.体育市场营销调研的内容是什么？有哪些方法可以调研？

3.体育市场营销预测的步骤是什么？

实践篇

第六章
体育健身娱乐市场营销策略

【学习任务】

认识体育健身娱乐市场的概念、特征、产品类型以及我国体育健身娱乐市场的发展状况；理解认识体育健身娱乐产品、定价、渠道、促销的策略。

【学习目标】

● 掌握体育健身娱乐市场的概念、特征和产品类型。

● 了解我国体育健身娱乐市场的发展状况。

● 掌握和运用体育健身娱乐产品、定价、渠道、促销的营销策略。

【学习地图】

体育健身娱乐市场相关概念→我国体育健身娱乐市场发展状况→营销策略

第一节 体育健身娱乐市场概述

一、体育健身娱乐市场的概念

在了解什么是体育健身娱乐市场之前，让我们先来了解什么是体育市场。

我国学者鲍明晓指出，体育市场是指以商品形式向人们提供体育物质产品和服务产品的场所。它包括狭义的体育市场、广义的体育市场、当代市场营销学意义上的体育市场。狭义的体育市场是指直接买卖体育服务这种特殊消费品的场所，这是一个空间概念上的体育市场。广义的体育市场是指全社会体育服务产品交换活动及交换关系的总和。从当代市场营销学意义上来讲，体育市场是指为了满足体育需要而购买或准备购买体育物质产品和服务产品的消费者。

从体育市场的定义可以看出，体育市场可分为体育物质产品市场和体育服务产品市场，而体育健身娱乐市场是属于体育服务产品市场的范畴。根据体育市场的三种含义和分类标准，体育健身娱乐市场是买卖体育服务产品的场所，是有体育服务产品需要的消费者，是体育服务产品交换活动及交换关系的总和。因此，体育健身娱乐市场是指为满足现实和潜在体育健身娱乐消费者的需求，以体育健身娱乐服务作为商品而进行的一切交换活动和交换关系的总和。

二、体育健身娱乐市场的产品类型

（一）健身型服务产品

健身型服务产品主要指健身中心（俱乐部）等体育场馆为满足消费者强身健体的需要，向消费者提供包括场地器材、技术指导、陪练等的服务。

（二）娱乐型服务产品

娱乐型服务产品主要指体育健身娱乐场所为满足消费者健身娱乐的需要，向消费者提供具有娱乐性的体育服务。

（三）培训型服务产品

培训型服务产品主要是指体育健身娱乐场所为满足消费者对健身娱乐知识、技术、技能学习或提高的需要，向消费者提供教学、训练、指导等服务。

三、体育健身娱乐市场的特征

（一）产品的非实物性

体育健身娱乐服务是由健身指导员、组织管理人员和场馆工作人员一起为消费者提供的一种服务活动，其产品的形态是一种服务活动，并非实物形态产品。

（二）产品所有权的非转移性

在体育市场的买卖活动中，体育服务产品的所有权是不发生变化的。消费者花钱买到的并非体育服务产品的所有权，而是体育服务产品的消费权。消费者在健身娱乐场所花钱参加健身娱乐活动或培训，其接收到的产品是健身娱乐场所工作人员为消费者提供的相关服务。

（三）产品生产与消费的同时性

体育服务产品的生产和消费者同时在场是体育服务产品生产过程和消费过程的必要条件。在体育健身娱乐市场中，健身娱乐场所工作人员生产体育服务产品的过程，同时也是消费者健身娱乐或培训的过程，是消费者接受工作人员为他们提供各种相关服务的消费过程。

（四）消费者的异质性

体育健身娱乐市场中，面对的消费者是各种各样的人群。他们存在年龄跨度、职业分布、体质差异、活动时间、参与动机等因素的不同，使体育健身娱乐市场中的消费者存在较大的异质性。

（五）消费能力的层次性

一个想得到体育享受的人，必须具备与体育消费相适应的知识、技能和经验，即体育消费能力。体育消费能力不同，其消费的对象也将有所不同；即使消费的对象相同，但由于个人能力的不同，其表现也将存在较大的差异。体育消费能力强的人能消费的体育产品是多样化的，而体育消费能力弱的人消费的体育产品就比较单一。

（六）消费需求的不均衡性

受消费者个人生活习惯、时间安排、兴趣爱好、体育消费能力等因素的影响，不同人群、不同地区、不同时间的消费者对体育服务的需求呈现出不均衡性。

四、我国体育健身娱乐市场的发展状况

我国从中华人民共和国成立以来到改革开放前这一阶段，体育被看成是纯消费的事业。在高度的计划经济体制下，体育经费的唯一来源就是靠国家拨款，体育市场上是一个空白。自20世纪80年代改革开放以后，中国开始出现体育健身娱乐场所，体育健身娱乐市场开始逐渐发展，但发展速度比较缓慢。到20世纪90年代初，随着我国经济体制改革的不断深化，社会主义市场经济不断发展，国民经济得到了持续稳定的增长，人民的收入日益提高，人们对体育健身娱乐服务的需求日益上升，使体育健身娱乐市场得到了快速发展。到20世纪90年代末，全国许多大中城市出现了投资兴办体育健身娱乐设施的高潮，体育健身娱乐等体育事业取得了辉煌的成就。

健身娱乐市场在发达国家体育产业中是一个规模最大、效益最好的市场。虽然我国的体育娱乐市场起步较慢，但发展迅速，潜力巨大，前景广阔。目前，我国体育健身娱乐市场的现状主要表现在以下四个方面。

（一）经营健身娱乐服务的企业小、素质低

目前，我国健身娱乐企业不仅存在数量少、质量差的问题，而且还存在结构不合理的问题。数量少是针对十几亿人口的大市场而言；质量差是指企业的平均规模小、经营者素质低；结构不合理是指地区间的发展不平衡，中西部和东南部在企业的数量、规模、质量等方面存在很大的差距，以及经营高档健身娱乐服务的企业主要是外商独资企业和中外合资企业。与发达国家相比，我国健身娱乐企业存在着整体素质低的问题。

（二）经营的内容单一、方式落后，服务营销、服务品牌的意识淡薄

由于我国健身娱乐业起步不久，企业经营内容单一的状况十分普遍，这种情况与发达国家20世纪60年代以前的状况基本相同。目前，美国体育健身娱乐业开展多样化经营的企业占总数的50%以上。与经营内容单一相对应的是，我国体育健身娱乐企业的经营方式落后，开展集团化、连锁化经营的企业极少。而在美国，目前排名前25位的商业性体育俱乐部都开展连锁化经营，其中排名前5名的企业每一家都拥有250家以上的分支企业，最大的一家美国俱乐部系统（ACS）有661个分支企业。与发达国家相比，目前我国的体育健身娱乐企业在营销意识和水平上存在很大的差距，很多企业未能根据自身特点和实际来开展服务营销，树立服务品牌。

（三）体育健身娱乐市场总体呈供不应求状况

目前，我国的一般健身娱乐服务（尤其是仅提供场地服务的）存在滞销现象，经营内容、方式和营销手段亟待创新，但整体上处在供不应求的状况。随着我国城市和部分富裕农

村地区健身娱乐市场的逐步活跃，开展体育健身娱乐经营的企业也越来越多，经营者在一般健身娱乐服务领域的竞争愈演愈烈。经营内容和营销手段的创新正在成为企业提高竞争力的核心。

（四）高档健身娱乐市场初现外资垄断，大众健身娱乐市场更加活跃

目前，我国高档体育健身娱乐市场已经开始出现外资垄断的态势。高档健身娱乐项目，如高尔夫、保龄球及一些新兴的体育健身娱乐项目绝大部分是由外资或中外合资的企业来管理，国内企业在高档健身娱乐市场开展经营的不仅数量少，而且规模和竞争力明显不足。但近年来，我国中小城市和部分富裕农村地区的大众健身娱乐市场（主要提供中低档体育健身娱乐服务）进一步活跃，并且表现出较快的增长势头。

第二节　体育健身娱乐产品策略

体育产品是指提供一定利益给体育观众、体育参与者和体育赞助者的商品、服务或两者的结合体。在这一概念中，产品包含有形的，如体育场馆、体育器材、体育用品，也包括无形的，如概念、战略与战术、服务、培训等。体育产品是一个整体的概念，它包含三个层次，即产品核心、产品形式和产品附加。

体育产品包括商品和服务，体育健身娱乐产品是体育产品中的服务产品，是体育产品中的一种，具有体育产品的属性。因此，体育健身娱乐业在开发一项产品时，产品设计者也需要从体育产品的三个层次来考虑。

一、产品核心

产品核心是指消费者购买某种产品时所追求的利益，是顾客所要买的东西。它回答了"消费者购买的利益是什么""为什么购买"。在体育健身娱乐市场中，消费者购买的产品是为了满足人们某种特定的需求。如健身者喜欢打网球，不是因为喜欢网球拍，而是喜欢体验和享受打网球所带来的身心愉悦；消费者参加体育培训，是为了获得某种健身项目的知识、技术和技能。因此，产品核心在产品整体概念中是最基本、最主要的部分。

二、产品形式

产品形式即产品的核心总是依托于某一种具体的形式存在的，它是产品核心的外部特征。健身培训包括健身场所、健身器材、健身指导等一系列外部形式特征，这些都是产品的外在表现形式。企业在开发体育健身娱乐产品时，既要考虑产品的核心层次，也要考虑如何以独特的形式来满足消费者的需求。

三、产品附加

产品附加是指消费者购买产品时所获得的全部附加利益与服务，它包括信贷、保险、送货、安装、使用指导、售后服务等。附加产品的概念来源于对市场需要的深入认识。因为消费者的目的是满足某种特定的需求，他们希望得到与满足该项需要有关的一切。对于提供健身服务的体育健身娱乐市场，附加利益带给消费者的满意度就更为重要。消费者在购买健身娱乐产品的同时，还应获得产品所有的附加利益。

在一个成功的营销管理过程中，顾客满意度决定着产品的整体概念，而产品的整体概念也会因顾客的满意度而改变。只有通过产品三个层次的最佳组合才能确立产品的市场地位，只有以创新性设计的个性化制订产品来满足消费者的个性需求，才能实现销售上的突破。

第三节 体育健身娱乐定价策略

体育健身经营者制订产品价格时一般会考虑成本因素、市场因素、利润因素。可以说，成本因素决定着体育健身经营者产品价格的下限，市场因素决定着产品价格的上限，利润因素影响着价格的调整幅度。另外，消费者的心理特征也是制订价格时必须考虑的因素。

一般来说，体育健身服务行业的每个经营者提供的产品或服务是不同的，这种差异表现在特定品牌和特定的产品价值上，消费者会根据自己的偏好去接受不同的产品。即使同样的服务项目和服务内容，为客户创造的服务价值相同，所支付的费用相同，但在不同的领域，因为各地的消费者购买力存在很大的差异，消费习惯上也不同，其价格可能需要作出巨大的调整。体育健身服务行业制订价格的方法有以成本为导向的定价法，包括成本加成法、边际成本法、目标利润法、损益平衡法，还有以需求为导向的定价法，包括理解价值法、区分需求法。

定价就是对各种定价方法的选择问题。当然经营者首先得从目标群体特点出发，依据自己的经营目标和竞争者定价策略来准确制订价格，价格高低与服务品质、消费者偏好要相匹配。

体育健身服务行业通常采用的价格策略有：用于新产品定价的撇脂法和渗透法；用于折让策略的数量折扣法、现金折扣法、职能折扣法和季节折扣法；用于心理定价策略的非整数定价法、整数定价法、声望定价法、单位标价法；用于激发消费者购买动机的定价策略的累进折价法、季节折扣法、组合定价法和商品附赠法。

第四节 体育健身娱乐渠道策略

对于有形产品来说，渠道是生产者把体育产品出售该消费者中间经过的路线和流通环节。这种渠道显然不能用于无形的体育服务产品。由于服务的不可预知性，以及服务过程中人员的接触对于服务质量的重要性，因此，开设分店和特许经营就成为体育健身服务行业主要的渠道策略。

零售业里有这样一句话，好的经营有三个条件——位置、位置、位置。人口密度和交通网络的密集程度是体育健身企业经营的关键。优越的选址，应是交通便利、人口流动量大、人气旺盛、城市透视点强的地方。城市透视点强，与周边能够很好地资源共享，就有可能扩大市场的辐射半径。从广告效应看，黄金地段可以彰显企业的实力和形象。选择有利的地段开连锁店，是如今国内健身行业兴起时的一种新的扩张模式。一般来说，体育健身经营者根据自己的目标定位会选择繁华地段、社区、体育馆和学校来开设分店或连锁店。近年来，越来越多的人选择体现自己经济实力的生活品质的家居环境，通过选择不同的社区选定目标群体提供健身服务正成为一种趋势。20世纪80年代以来，欧洲各国体育馆在不断增加的同时，逐步向社区型和中小型转移，朝着"场园一体化"的发展方向，实现了较好的经济效益和社会效益。现在越来越多的国家开始走这一道路，这一现象值得经营者选择经营地段时思考。

商业健身中心从本质上讲属于零售业，人们选择健身中心首先是考虑远近，其次是硬件，再次是软件，因此各个体育健身经营者都会选择连锁经营之路。连锁经营是一种互利的合作关系，又是一种不同于传统销售渠道的新的销售通路。连锁经营的好处主要表现在三个方面：一是连锁经营不受自身资金限制，可以迅速扩大经营规模，提高市场占有率，提高技术水平；二是连锁经营可以提高专业化水平和获得较为优惠的采购价格，从而降低经营成本，提高竞争优势；三是连锁经营盘活了无形资产，在连锁经营过程中完成无形资产增值，能够就近便利地为消费者提供服务，更好地满足了消费者的需求。

体育健身娱乐促销策略

体育市场促销是指体育经营单位利用各种沟通方式，向消费者传递产品相关信息，促使消费者产生好感并作出购买决策的活动，主要包括广告、人员推销、营业推广和公共关系。

一、广告

广告是指通过付费和构思，借助电视、报纸、电台、广告牌和宣传手册等大众传媒向消费者传递服务信息的形式。比如，大众健身操教练张贝总结出的适合中国大众以及针对不同体形的减脂锻炼方法，称为"张贝减脂塑形法"，为推广这一方法，2000年11月—2001年1月，张贝健身中心成功与央视"早安中国"合作拍摄减肥纪实追踪，在社会上引起很大反响。

二、人员推销

人员推销往往因其选择性强、灵活性高、能传递复杂信息、有效激发顾客购买欲望、及时获取市场反馈等优点而成为体育健身市场中不可或缺的促销手段。然而实践中采用人员促销这种促销手段的企业往往面临费用高、培训难等问题，因此，要有效利用这一促销手段，需招募到富有潜力的优秀人才，并在语言能力、市场调研能力和果断决策能力方面对该类型人员加以严格培训。

三、营业推广

营业推广手段非常丰富，如有的企业在新产品准备上市时，向消费者赠送样品；有的企业向目标群体赠送礼品、发放优惠券。此外，抽奖促销和竞赛促销也是最近非常流行的营业推广做法。还有几种重要的营业推广形式往往对介绍一些企业产品进入国内外市场颇多助益，如博览会、交易会、巡回展览、贸易代表团等。值得一提的是，这些活动往往因为有政府的参与而增加了其促销力。

四、公共关系

公共关系是一项长期的促销活动，其效果也只有在一个很长的时期内才能得以实际的反映，在营销中，它仍是一个不可轻视的促销方式。一个体育健身经营单位不仅要与当地顾客、供应商、中间商、竞争者打交道，还要与当地政府协调关系，利用各种媒体加强对企业有利的信息的传播，扩大社会交往，不断调整企业行为，以获得当地政府和社会公众的信任与好感，寻求自身的不断壮大。

本章小结 —

本章首先认识了体育健身娱乐市场的概念，然后认识了体育健身娱乐市场的产品类型和体育健身娱乐市场的特征，同时概括性地了解了我国体育健身娱乐市场的发展状况。在认识体育健身娱乐市场概述的基础上，详细地认识了体育健身娱乐产品、定价、渠道、促销的策略。

回顾与练习 —

1.体育健身娱乐市场是什么？
2.体育健身娱乐市场产品有哪些类型？
3.体育健身娱乐市场有哪些特征？
4.试述我国体育健身娱乐市场的发展状况。
5.谈谈体育健身娱乐产品的策略。
6.谈谈体育健身娱乐定价的策略。
7.谈谈体育健身娱乐渠道的策略。
8.谈谈体育健身娱乐促销的策略。

知识拓展 —

商业健身俱乐部的体验营销策略

体验营销是指企业以商品为载体，以服务为舞台，以满足消费者的体验需求为目标而开展的一系列活动的总称。健身俱乐部体验营销是一种为体验所驱动的全新营销模式，是传统营销理念的发展和延伸。健身俱乐部的体验营销策略包括以下四个方面。

1.审美型营销策略
审美型营销策略是以迎合顾客审美情趣为目标的体验营销，是通过知觉刺激，而让顾客感受到美的愉悦、兴奋、享受与满足，从而有效地达到营销的目的。"形美感目，神美感心"，通过体验营销，健身运动中彰显出的形体美、形神美、韵律美、和谐美使体验者美体美心，提高了审美素质，这种营销策略能够有效地吸引消费者的目光，从而使健身俱乐部赢得竞争优势。

2. 个性型营销策略

个性型营销策略是以满足顾客对个性追求为目标的体验营销，是让顾客展示个性而有效地达到营销目标。近年来，能够充分展示个性的健身项目如街舞、肚皮舞、健身钢管舞等，已经出现在众多俱乐部中。这些个性化的项目使得健身不仅张扬个性、提升气质和自信，同时也成了一种享受。健身俱乐部可以巧妙地利用体验营销理念，通过为顾客创造独一无二的个性体验，达到刺激顾客购买和消费的目的。

3. 社交型营销策略

社交型营销策略是以激发和满足顾客社会交往为目标的体验营销。消费者一旦成为某一健身俱乐部的会员，在心理上自然会产生某种归属感，这有助于消费者树立信心，增强安全的感受。健身俱乐部通过这种营销策略不仅可以为会员提供高品质的服务，而且借助于自身的品牌效应，还能够帮助会员提升其社会地位，使会员得到他人的肯定和尊重。

4. 舒畅型营销策略

舒畅型营销策略是以提供一种良好氛围为目标的体验营销，是围绕某一团队、场所或环境产生的效果或感觉，好的氛围会像磁石一样牢牢吸引着顾客，使得顾客频频光顾。商业健身俱乐部具有健身、娱乐、社交等众多功能，与其他的服务供应场所有明显的区别，应尽可能地提供一种舒畅的氛围，有意营造这种使人难以忘怀的舒畅体验来吸引顾客。在装修上应科学健康、宽敞整洁，创造高雅的情调，设计浪漫布局；背景音乐的选择要体现时尚的特色，给人以耳目一新、活力四射的感觉；各类器械在结构、颜色等外观设计上要力求美观、能吸引消费者；在服务方面，提供高品质的优质服务，无微不至的体贴关怀和尽心尽意的健身指导。

（资料来源：葛卫忠.商业健身俱乐部体验营销策略[J].体育学刊，2010（9）：126-128.）

第七章
体育竞赛表演市场营销策略

【学习任务】

认识体育竞赛表演市场的概念、特征、经营内容以及我国体育竞赛表演市场的发展状况；理解体育竞赛表演产品、定价、渠道、促销的策略。

【学习目标】

●掌握体育竞赛表演市场的概念、特征、经营内容。

●了解我国体育竞赛表演市场的发展状况。

●掌握和运用体育竞赛表演产品、定价、渠道、促销的策略。

【学习地图】

体育竞赛表演市场概念→我国体育竞赛表演市场发展概况→体育竞赛表演营销策略

体育竞赛表演市场概述

一、体育竞赛表演市场的概念

体育竞赛表演市场，国外称为职业体育市场，是在体育馆中，运动员以娴熟的技艺、超人的体力和顽强的拼搏精神以及相关组织管理人员的服务作为商品进行交换的场所。

体育竞赛表演市场是体育产业的核心市场之一，也是体育产业中最活跃、最受公众瞩目的市场，对其他种类的体育市场的开发具有一定的示范作用。体育竞赛表演市场的主体是职业体育俱乐部，一个国家职业体育俱乐部的数量、种类以及整体规模和运行质量，决定了该国体育竞赛表演业的水平和体育竞赛表演市场的发展状况。

二、体育竞赛表演市场的特征

（一）体育竞赛表演市场经营的体育商品是无形商品

体育产品包括有形产品和无形产品，进入市场进行交换的体育竞技表演作为商品，具备一定的商品属性，是价值和使用价值的统一。体育竞技表演的价值由训练和竞赛活动过程中所消耗的场地、运动器械等生产资料的价值、运动员再生产所需的消费资料的价值和运动员创造性劳动所产生的价值构成。而竞技体育表演的使用价值则在于它能向社会消费者提供满足人们体育娱乐和发展需要的文化服务性消费资料，体现在满足人们精神生活的需要。它是通过运动员高超娴熟的运动技能、紧张激烈的比赛、热烈的赛场氛围、运动员的人格魅力、比赛结果的不确定性产生娱乐、审美、欣赏的价值，因此，体育竞技表演区别于其他体育有形产品。

（二）体育竞赛表演市场经营的无形产品具有生产和消费的同步性

体育竞赛表演市场是一种非物质形态的精神产品，被用来满足人的某种需要，体育竞赛表演的生产过程同时也是消费者的消费过程，生产和消费同时存在，具有同步性。

（三）体育竞赛表演市场形态的多样性和多层次性

随着体育的社会化、产业化、市场化的发展，体育表演市场的开发日益多元化，形成公有、非公有、股份合作等多种经济成分并存的体育竞赛表演市场，特别是我国加入WTO之后，国外资本和国外体育企业以更大的规模进入我国体育竞赛表演市场。同时，由于体育消费者的消费偏好和收入水平等方面存在差异，体育消费水平存在多层次性，也导致体育竞赛表演市场多样性和多层次性。

（四）体育竞赛表演市场发展的受制约性

体育竞赛表演作为无形产品，其生产和消费具有同步性，在多层次性体育表演市场中，有的可以通过市场实现其价值；有的只能部分进入市场，通过市场获得部分价值补偿；有的则不具备在市场上交换的条件，无法在市场上获得价值补偿，体育市场的发展受到一定的限制。

三、体育竞赛表演市场经营的主要内容

体育竞赛表演市场经营的主要内容有门票经营、媒体转播权经营、赞助与广告经营、赛事商务开发经营、会员转会经营。

（一）门票经营

体育竞赛表演的门票经营是职业体育俱乐部的主要收入来源之一，门票经营状况反映了消费者对体育竞赛表演市场产品——竞赛的满意程度，也是衡量职业体育俱乐部经营优劣的重要标志。体育竞赛表演市场是由球迷消费者的需求构成，比赛紧张激烈的对抗程度是俱乐部产品的核心，也是消费者观赏比赛的利益所在。职业体育俱乐部都十分重视门票收入，采取一切可能的措施，将观众吸引到比赛场上来，为消费者提供有效的服务，如实行主客场赛制、为观众参与比赛创造各种条件、营造比赛氛围、科学制订门票价格等。能否为消费者提供有效的服务、满足消费者的需求，不仅关系到俱乐部的票房收入，而且影响到电视转播、广告与赞助、商务开发等经营项目的成效。

职业体育俱乐部的门票经营除了一般意义上的门票销售外，还有豪华座位和永久座位许可两项经营内容。豪华座位是指职业体育俱乐部为满足特殊客户的需求，在自己主场设置的豪华包厢。永久座位许可是指球迷购买比赛季票和选择座位的专有权利，永久座位许可的销售取决于球迷对俱乐部的忠诚度。

（二）媒体转播权经营

体育竞赛表演市场的媒体转播权经营是职业体育俱乐部收入的另一个主要来源。体育竞赛表演转播权包括电视转播权、广播电台转播权、互联网转播权，其中，电视转播权在媒体转播权中居主导地位。随着电视网络的兴起，社会各界对职业体育竞赛表演的关注，电视机构为争夺体育竞赛表演的转播权而互相竞争，刺激了电视转播费的迅猛增长。另外，职业体育俱乐部在市场化经营的过程中，对竞赛表演的组织、赛制、规则、器材等不断进行改革，

提高比赛的观赏性。同时，职业体育管理机构市场营销策略的创新，如电视转播权的捆绑销售等，加强了职业体育俱乐部与电视机构讨价还价的能力。在一些职业体育俱乐部中，电视转播权的收入已经超过了门票的收入。美国橄榄球联盟的电视转播权收入成为其28个成员俱乐部主要的收入来源，平均占总收入的2/3，美国橄榄球联盟与Fox Network签订1993年底的电视转播协议，4年的标价是15.8亿美元，每个赛季3.95亿美元，比过去每个赛季2.65亿美元提高了49%。美国橄榄球联盟吧1994—1997年的电视转播权出售给ABC，EPSN和TNT，收入达到创纪录的44亿美元，协议保证每个成员俱乐部一年有3830万美元进账。电视转播费等媒体收入的不断增长，极大地刺激了体育竞赛表演市场的发展和繁荣，随着职业俱乐部联盟垄断地位的强化和营销策略的创新，媒体转播经营将在体育竞赛表演市场经营占据更加重要的地位。

（三）赞助与广告经营

体育竞赛表演市场的赞助与广告经营在职业俱乐部收入来源中逐渐占据重要地位。赞助与广告经营实质上是广告特许权的经营，即俱乐部寻找广告赞助商的经营活动。各大企业力图通过赞助体育竞赛来提高知名度，促销自己的产品，赢得商业上的利益；各职业俱乐部凭借自己所处地域的知名度以及体育竞赛表演独特的宣传效果，使俱乐部广告特许权产品多元化和系列化，与赞助商建立长期合作的伙伴关系，吸引众多企业提供高额的赞助费用。德国拜仁慕尼黑足球俱乐部有众多的合作伙伴和赞助商，如欧宝汽车公司、×斯公司、索尼公司、可口可乐公司、柯尼卡照相器材公司等国际著名企业，也有当地的啤酒公司、商业银行等，交易额数量相当可观。

（四）赛事商务开发经营

体育竞赛表演市场的赛事商务开发经营主要涉及职业体育俱乐部标志产品（如队服、鞋帽、纪念品、球星卡）、会员（球迷）会费、主题餐饮服务（如餐厅、酒吧、咖啡屋）、训练营观摩服务、运动产地租赁等相关产品的市场化开发经营。赛事商务开发经营领域宽广，市场潜在价值大，是职业体育俱乐部市场经营水平的一个重要标志。国内外职业体育俱乐部都十分重视这一领域的经营开发与经营，不断开发新的产品和营销手段，创造相对稳定的经济来源。据美国体育用品协会统计，1998年美国标志性服装销售额达26.2亿美元，其中包括运动衣裤、夹克与针织衬衣、T恤、帽子等。

（五）会员转会经营

体育竞赛表演市场的会员转会经营是职业体育俱乐部的主要内容之一。职业体育俱乐部根据自己的经营目标球队的实际情况，以合理的价格买卖球员，通常运动员从实力相对较弱、收益相对较差、知名度较低的小城市俱乐部向实力相对较强、收益相对较好、知名度较高的大城市俱乐部流动。随着高水平运动员转会价格的日趋上升，各职业体育俱乐部都十分重视职业选手的流动，建立运动员转会及会费制度，与有潜力的运动员签约，把运动员转会作为重要的经营内容。职业球员流动的加剧，转会费的提高，不仅可以优化人才配置，提高技战术水平，同时可以发挥球星效应，增强球迷的归属感，提高门票收入，激发赞助与广告、媒体转播权与赛事商务的市场开发，增强职业俱乐部的经营活力。

四、我国体育竞赛表演市场的发展状况

竞赛表演市场，国外称为职业体育市场，是20世纪90年代在我国兴起的一类新兴市场。这一市场是体育产业的核心市场之一，也是近年来备受政府、媒体、理论界和大众关注的热点市场。竞赛表演市场尽管在我国起步较晚，但发展迅速，其发展状况概括起来有以下五个方面。

（一）市场整体规模小、市场运作中运动项目少、可获利经营资源相对紧缺

目前，尽管从表面看，我国已有篮球、排球、足球、乒乓球、羽毛球、网球、拳击和围棋等运动项目先后走上职业化的发展道路，但从市场业绩来看，除足球外，其他项目充其量只能算作半市场经营。与发达国家相比，无论是项目职业化数量，还是每个项目拥有职业俱乐部的数量，都有很大的差距。美国仅棒球、篮球、美式橄榄球、冰球和足球五个项目就拥有职业队761个，其中参加五大联盟高水平商业联赛的职业队达131支。目前，我国竞赛表演业整体的市场规模还非常小。

（二）市场主体不规范

许多所谓的职业俱乐部实质上是运动队+企业赞助的模式，规范组建的公司化职业俱乐部太少，俱乐部、中介和媒体三者之间的正常商业化关系尚未建立，激励与约束并存的互利机制尚未形成。

（三）国内中介机构发育滞后，国外中介机构垄断国内商业赛事

目前，我国有商业价值的重大赛事基本上都是由国外著名体育经纪公司来代理或推广的。国内专业化的体育经纪公司不仅数量少、规模小，而且经营管理水平低，无竞争力可言。

（四）职业联赛和职业俱乐部的产权不清问题突出

地方政府和项目管理中心（协会）行政化干预市场过多，市场管理不规范，俱乐部与项目中心或协会之间关系紧张，项目市场存在进入壁垒。

（五）职业俱乐部经营管理落后

职业俱乐部的经营内容单一、营销意识薄弱、经营成本过高及资本回报率不高的现象十分普遍。

体育竞赛表演产品策略

作为体育竞赛表演市场的卖方主体——各单项运动协会及俱乐部，为了满足目标市场（部分买方）的需要以取得利润，必须生产经营多种产品。这些产品如何设计和搭配，就是产品组合问题。

诚然，不同项目的产品，因项目特点迥异，市场接受度差别较大，直接影响其市场营销和市场占有率，比如，球类项目和举重、射击等项目的"天上"和"地下"。但是，产品组合问题仍然不容忽视，市场接受度较高的项目，可能因为产品设计不合理而无法占领或失去市场，如我国的网球项目；相反，市场接受率较低的项目，可能因为产品设计的更新而占领和赢得市场，如国际田联近几年推出的"黄金联赛"。

体育竞赛表演产品的种类较多，如联赛、锦标赛、杯赛、系列赛、大奖赛、商业邀请赛和对抗赛、巡回表演赛等各种形式。在一个项目中，可以把不同形式的竞赛表演有机搭配，每种形式的产品有各自的特点，吸引和占领各自的目标市场。比如我国的足球项目，目前有职业联赛、足协杯赛及形形色色的商业比赛，形成了一个较完整的足球产品组合。在实际操作中，各个企业（项目协会和俱乐部）开发和创新了一系列新产品，让人耳目一新，取得了较好的市场占有率，如乒乓球擂台赛、羽毛球天王挑战赛、篮球南北争霸赛等。其实每个项目都可以开发出适合本项目特点的好产品，而观赏性和顾客满意度始终是评价竞赛表演产品优劣的标准。

在制造业中，许多公司的大部分利润来源于顾客服务。同样，对于以服务为主的体育竞赛表演业，也可以开发出相应的有形（实物）产品进行销售，比如，利用比赛和俱乐部的品牌，开发运动队服装、标志产品、专利产品，甚至自己品牌的服务业。在曼联足球俱乐部1997年的收入中，相关产品占39%，而在被称为中国足坛经营最好的上海申花足球俱乐部1998年的收入中，相关产品仅占5%。可见，忽视相关产品的开发是我国体育竞赛表演业造血不足的原因之一。

第三节　体育竞赛表演定价策略

　　一般来说，有形产品定价的概念和方法基本上均适用于无形产品的定价。但是，体育竞赛产品受其一次性、无形性、不可预测性、生产与消费同时性、评价标准的不统一性等自身特征的影响，体育竞赛市场经营者与观众之间的关系是比较复杂的。俱乐部的功能是既要获取最大利润，又要最大限度地满足观众的需求；而观众是既想要观赏到高质量的竞赛，又想尽可能地少花钱。因此，在观众和经营者之间形成了矛盾，那么，如何将这一对立的矛盾统一，需要经营者在定价上做文章。因此，对门票、电视转播权，以及其他广告、标志产品等定价有很大的难度。

　　按照价格理论，影响价格的因素主要有三个方面，即成本、需求和竞争。成本是产品价值的基础部分，它决定了产品价格的底线，如果价格低于成本，企业便无利可图。考虑成本因素时必须计算体育场馆的设施、维修，以及运动员、教练员、裁判员的工资等固定成本，还有水电费、交通费、通信费、清洁卫生费等可变成本。市场需求影响顾客对产品价值的认知，进而决定着产品价格的上限。需求价格弹性对体育竞赛经营的收益有着重要影响，它是指因价格变动而相应引起的需求变动比率，反映了需求变动对价格变动的敏感程度。市场竞争状况调节着价格在其上限和下限之间不断波动，并最终确定产品的市场价格。竞争因素是定价时必须考虑的因素，体育竞赛是文化市场中的一部分，因此，在这块市场中存在着一般竞争者（如各种文艺演出、电影、电视等）、产品形式竞争者（如职业足球、排球、橄榄球、拳击等）、品牌竞争者（如美国NBA、CBA和中国CBA、CUBA）。这些竞争者在一定程度上对于体育竞赛产品的特征联系起来。

第四节　体育竞赛表演渠道策略

　　服务产品的生产和销售过程往往是同时进行的，具有不可分离性和不可储存性。因此，服务产品的分销渠道环节较少，体育竞赛表演产品也不例外。以前体育竞赛表演产品主要以直接销售为主，销售业绩与比赛经营者的营销能力密切相关，不确定性较大。随着一些专门从事比赛经营推广的公司——中间商的出现，经营者有可能并愿意用相对较少的产品获利以降低风险，得到较稳定的产品收入，于是出现了间接销售。例如，中国足协、篮球管理中心与国际管理集团（IMG）的足球甲级联赛、篮球甲级联赛经营合同，广州松日俱乐部1999年赛季与贵州某广告公司签订的主场经营合同。随着社会分工和流通领域的不断发展，体育竞赛表演产品的分销渠道中间接销售的比例将逐渐增大，比赛的经营者应尽快掌握在市场上如何与中间商打交道、如何建立合理的产品分销渠道。

第五节 体育竞赛表演促销策略

促销是市场营销组合的又一重要组成部分，是企业与市场联系的主要手段。促销是以满足消费者需要为前提，为了激发顾客的购买欲望，影响他们的消费行为，扩大产品的销售而进行的一系列宣传报道、说服、激励、唤起等促进工作。促销主要通过广告、公共关系、宣传推广等形式沟通买卖双方的意向，传递信息，加强企业与顾客间的情感沟通，培养忠实顾客，扩大需求，促进人们购买行为来开拓市场，并在消费者中树立良好形象。根据体育竞赛产品的特征，比赛场馆的地点选择非常重要，它的交通是否方便，停车场是否充足，各种服务是否全面等都是影响观众观看比赛的一个因素。美国NBA的促销形式可谓灵活多样，他们适时、有计划地组织大型公关活动，与电视、报刊、网络等媒体建立了密切的合作关系，还与世界级大公司建立了商业战略伙伴关系。另外，NBA通过在世界各地进行选秀或参加麦当劳世界俱乐部联赛等活动，使世界认识它，在世界范围内培养了数以亿计的忠实球迷。

体育赛事的促销形式多种多样，常用的促销手段有以下几种。

一、附加活动促销

附加活动促销是在体育赛事期间为体育球迷提供多种多样的附加服务，增加赛事营销效果的一种方式。例如，美国职业体育比赛时常常采用在比赛休息时让12岁以下的孩子们构成一个"长龙火车"，在运动场地中有节奏地绕行。孩子们能够走进场地近距离感受现场气氛，同时也为观众提供娱乐。这要求竞赛组织者的组织能力非常强，能有序地组织活动。

二、主题活动促销

主题活动促销是在竞赛期间进行某项主题活动，增加营销效果的一种方式。可以在某一时间、某一地点进行某项体育竞赛活动，如7·13奥运年活动、"三八"女将军保龄球比赛等。

三、借力促销

借力促销是借助其他事件营销自己的产品的活动与措施，付出较小的成本而获取较大效益的一种营销方式。企业在借力营销时一定要注意法律法规，不要侵犯他人的权利。

四、概念促销

概念促销是制造一个能够广泛吸引人们高度关注的概念和营销企业或品牌的一种方式。这个概念一定要具有新意，要符合消费者的需求，如健康、绿色、人文等。

五、情感促销

情感促销是通过多种手段和方式，沟通企业与消费者的情感，拉近企业与消费者的距离，提高消费者对品牌或产品的忠诚度的营销方式。

本章小结 ——

首先认识体育竞赛表演市场的概念，然后认识体育竞赛表演市场的特征及其主要经营内容，同时概括性地了解我国体育竞赛表演市场的发展状况。在认识体育竞赛表演市场概述的基础上，详细地了解体育竞赛表演产品、定价、渠道、促销的策略。

回顾与练习 ——

1.体育竞赛表演市场是什么？

2.体育竞赛表演市场有哪些特征？

3.体育竞赛表演市场的主要经营内容有哪些？

4.试述我国体育竞赛表演市场的发展状况。

5.谈谈体育竞赛表演产品的策略。

6.谈谈体育竞赛表演定价的策略。

7.谈谈体育竞赛表演渠道的策略。

8.谈谈体育竞赛表演促销的策略。

知识拓展

中国国内马拉松市场的火热

2015年中国马拉松市场参与者众多，赞助商火热。全年在中国田协注册备案的马拉松及相关运动赛事达到了134场，较上一年增加了83场，增幅超过160%。10月18日当天全国就有11场马拉松赛事同时举行。2015年马拉松赛事已涵盖了4个直辖市和全国23省、自治区的79个城市，较上一年增加了34个城市。全国已有84%的省区市拥有1场或多场马拉松赛事。2015年150万参赛人次也涵盖了国际上近90个国家与地区和全国各行各业的长跑爱好者。各地赞助商也纷纷投入这项赛事。以2015年11月29日南京马拉松为例，赛事涵盖全程马拉松、半程马拉松与迷你健身跑三个项目，来自20多个国家的1.6万名跑友一起出发。中国白酒标杆企业洋河股份"中国梦·梦之蓝"倾情赞助，全程助跑这一国际赛事。

华为体育赛事营销案例

自2011年独家冠名意大利超级杯北京站首次涉足体育营销后，华为就和足球结下了不解之缘。特别是在2013年和2014年，华为开始了疯狂的足球扩张计划。多特蒙德、AC米兰、西甲联赛、阿森纳、巴黎圣日耳曼、阿贾克斯等欧洲足坛响当当的名字都相继进入自己的客户名单。可以说，足球一直都是华为的营销根据地，通过体育营销而扩展各国当地市场的战略已在全球铺开。在美国推广布局中，华为避开和中兴"撞衫"NBA，转而向深受美国人喜爱的职业橄榄球联赛。2014年11月，华为成为华盛顿红皮队官方合作伙伴，并承诺为有8.5万个座位的红皮主场FedEx球场提供无线网络信号。这是华为在美国的第一次大型赞助，美国作为华为全球重要的战略市场，未来将加大投资。除欧美市场外，印度超级板球联赛的班加罗尔皇家挑战者俱乐部和澳大利亚橄榄球联盟堪培拉奇袭队也进入了华为的赞助名单。

第八章
体育经纪市场营销策略

【学习任务】

　　本章旨在让学生掌握经纪、经纪人及体育经纪概念的基础上，理解体育经纪与体育市场的相互关系及体育产品的四个生命周期。了解体育经纪活动的基本要素包括信息、合同和佣金，经纪人的佣金是劳动报酬、风险报酬和经营收入的综合收入，是委托人依照法律规定或者双方约定。

【学习目标】

● 掌握经纪、经纪人、体育经纪的概念。

● 了解体育产品的生命周期。

● 熟悉佣金的性质、类型、体育经纪人佣金的支付和获取途径。

【学习地图】

体育经纪相关概念→体育产品的生命周期→体育经纪的佣金

体育经纪市场概述

一、经纪与经纪人的概念

（一）经纪的概念

经纪，是伴随着商品交易而产生的一种古老的商业活动。经纪业是社会历史发展的必然结果，是商品生产、商品交换的伴生物。一般来说，经纪活动有三种形式：居间、行纪和代理，这三者之间既相互联系，又相互区别。所谓居间，是指交易双方提供交易信息和交易机会，以媒介、撮合的方式促成双方交易的商业行为。行纪是指经纪人受委托人的委托，以自己的名义与第三方进行交易，需要承担规定的法律责任的商业行为。代理是指经纪人受委托人的委托，以委托人的名义与第三人从事交易，由此发生的法律责任由委托人承担。综上分析，经纪是指市场经济活动中的组织和个人为实现产品的交易充当媒介所形成的居间、行纪或代理关系的总和。

（二）经纪人

经纪人在英语中称为"Broker"或"Middleman"。美国布莱克法律大词典将"经纪人"定义为：经授权代理委托人进行交易，或独立行使为委托人提供与第三人订约的机会，或是充当订约媒介促成委托人与第三人订约和守约的中间。美国市场学家菲利浦·R.特奥拉在《国际市场经营》一书中称："经纪人是提供廉价代理人服务的各种中间人的总称，他们与客商之间无连续性关系而言。"我国《辞海》把经纪人定义为："是为买卖双方介绍交易以获取佣金的中间商人。"《经济大词典》称"经纪人，中间商人，旧时称牙客，处于独立地位，作为买卖双方的媒介，促成交易以赚取佣金的中间商人。"1995年由工商行政管理局颁发的《经纪人管理办法》中指出："本办法所称的经纪人，是指依照本办法的规定，在经济活动中，以收取佣金为目的，为促成他人交易而从事居间、行纪或者代理等经济业务的公民、法人和其他经济组织。"

尽管各国对经纪人的表述不一，但对经纪人概念所包含的基本内容都包括：①经纪人在经纪活动中以收取佣金为目的；②经纪人为促成他人交易而进行服务活动；③经纪人的活动形式主要有居间、行纪和代理等；④经纪活动的主体分别为公民、法人和其他经济组织。概括起来，经纪人是指那些在市场中促成买卖双方交易并以此获得佣金的中间人。

目前，我国对体育经纪人的定义有不同角度的论述。黄文卉认为体育经纪人定义的内涵主要包括三点：以获取佣金为目的；委托合同保证实施；充当委托人与第三人间的订约媒介或为委托人提供与第三人订约机会。马铁认为：以获取佣金为目的，与体育相关人员及组织签订委托合同，充当委托人与第三人间有关职业运动、体育竞赛的订约媒介，或为委托人提供通过体育获益机会的自然人、法人或其他经纪组织。在国家体育总局和原国家工商行政管理总局共同拟订的《体育经纪人管理办法（草案）》中，对体育经纪人的定义是：体育经纪人是依本办法取得合法资格、专门从事体育经纪活动的法人和其他经纪组织。体育经纪人的组织形式主要有三种：个体体育经纪人、合伙体育经纪人和体育经纪公司。

（三）体育经纪与体育经纪市场的概念

体育经纪是伴随着体育市场的产生和发展而产生和发展的，只要体育市场存在，体育经纪活动就会存在和发展。体育经纪是指在体育市场中的体育组织或个人为实现体育产品或服务的交易行为充当媒介而形成的居间、行纪或代理等活动的总称。我国体育经纪业起步较晚，但已呈现兴旺发展的势头，主要领域有：一是经纪代理类活动，如运动员经纪活动、体育赛事经纪活动、体育组织和其他组织的经纪活动；二是咨询代理活动，涉及广告、策划、投资和咨询业务，如体育赛事营销渠道的选择、赞助价值的评估、体育广告策划和投放、俱乐部股权的转让或重组等；三是监督类中介活动，监督公证是市场经济体制中的社会中介职能，体育市场经营活动的扩大，经营者之间、经营者与政府之间、经营者与消费者之间出现日益增多的利益冲突，需要有相应的社会中介组织介入，如体育市场中的法律纠纷。

二、体育经纪与体育市场的相互关系

（一）市场与体育市场的概念

市场的原始概念是指买者与卖者聚在一起进行商品交换的场所。经济学中认为市场不仅指交易场所，而且指所有卖者与买者实现商品交换关系的总和，它包括交换活动的全过程。从市场营销学的角度分析，认为市场是指某种商品的现实购买者和潜在购买者需求的总和。

根据对市场的理解，体育市场作为消费品市场的一部分，它体现着不同层次的含义：一是体育市场是体育商品交换的场所，是直接买卖体育服务产品，参与或观赏体育活动的场所，如体育场馆是健身娱乐、竞赛表演、运动培训等交换活动的场所。二是体育市场是全社会体育产品交换活动的总和，不仅包括体育劳务和服务产品的交换活动，也包括和体育有关产品的交换活动。

（二）体育经纪与体育市场的相互关系

1. 体育经纪是体育市场的重要组成部分

体育市场是体育商品交换的场所，是体育商品流通的渠道，是联系体育产品生产经营者和消费者的纽带。目前，各国对有关体育市场分类差异较大，出于不同的研究或统计目的，有不同的分类方法。根据体育市场形成的功能特点，可将体育市场划分为三个大类。三大类市场相互依存，又相互制约，如图8-1所示。

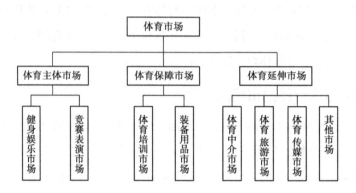

图 8-1　体育市场的划分

体育经纪是体育市场中的重要组成部分，属于体育中介市场的领域，如图8-2所示。体育中介市场是为体育市场的交易活动主体提供服务的市场。在体育中介市场中较为活跃的是体育经纪人，他们以从事赛事或体育活动举办方和承办方的介绍与协调、运动员或教练员的代理、赞助和媒体宣传的中间运作等活动获取佣金。经纪人活动的中介服务对象是买卖双方，是在尊重双方权益的基础上进行的，所获得的报酬是合法收入。

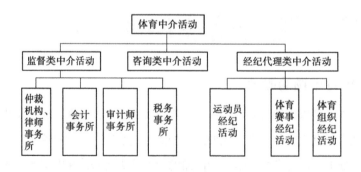

图 8-2　体育中介市场

2. 体育经纪活动的发展有力地推动体育市场各个领域的繁荣发展

随着我国竞技运动尤其是职业体育运动的发展，体育市场的社会需求加速扩大，体育经纪人及体育经纪组织的服务对象和需求也不断扩大。体育经纪人高效率的"中介"作用及沟通体育市场信息，促进体育商品交换方面的"桥梁"作用，无疑会对体育走向市场产生极大的促进作用。目前，体育经纪公司除了从事引进国内职业联赛的外援或协助国内球员转会国外俱乐部外，逐步将重点转移到开发非奥运项目运动队和运动员训练、比赛和商务活动代理业务方面。我国体育经纪市场的代理活动主要虽然还是以推广体育赛事为主，但经过多年的发展，已由单一的体育赛事赞助营销业务，扩大到整个赛事的包装、推广与管理，由代理体育赛事的单项业务扩大到综合性的业务，赛事的业务范围逐步宽广。还有的体育经纪公司经过多年经营，在全民健身领域逐步打开了市场，培育了一批品牌。此外，还有体育经纪公司涉足公共体育场馆的建设运营咨询和委托代理经营、体育组织的咨询策划、赛事招商代理、运动员与运动队以及体育赛事的法律事务、电视转播与制作、保险业务与资产评估等。随着业务能力的上升，体育经纪业务的服务范围越来越广。

第二节　体育经纪产品策略

市场营销组合包括四个要素：产品、价格、渠道、促销。产品是市场营销组合中最重要也是最基本的要素，因为任何企业在制订营销组合策略时，首先需要回答的问题是企业用什么样的产品来满足目标市场的需求。此外，产品策略还会直接或间接地影响其他营销组合要素的管理。因此，产品策略是整个营销组合策略的基石。

一、产品及产品整体概述

在现代市场营销学中，"产品"概念具有极其宽广的外延和深刻的内涵。产品是指能够通过交换满足消费者或用户某一需求和欲望的任何有形物品和无形服务。有形物品主要包括产品实体及其品质、特色、式样、品牌和包装；无形服务包括可以给买主带来附加利益和心理上的满足感及信任感的售后服务、承诺性保障、产品形象、销售者声誉等。这就是产品整体概念。

菲利普·科特勒等营销学者认为，可以从五个层次来更深刻和更准确地理解产品整体概念的含义，即核心产品、形式产品、期望产品、延伸产品、潜在产品。核心产品是指向顾客提供的产品的基本效用或利益，是产品整体概念最基本的层次，向人们说明了产品的实质，满足了顾客的核心需求。消费者或用户购买某种产品不是为了获得构成该产品的各种材料，而是为了满足某种特定的需求。任何产品都必须具有反映顾客核心需求的基本效用或利益。形式产品是指核心产品借以实现的形式，是目标市场消费者对某一需求的特定满足形式。形式产品一般通过品质、式样、特色、商标及包装等方面反映出来。形式产品向人们展示的是核心产品的外在特征，能满足同类顾客的不同要求。期望产品是指顾客在购买产品时期望得到的或默认的与产品密切相关的一系列属性和条件。延伸产品是产品的各种附加利益的总和，通常指各种售后服务与保障，如提供产品使用说明书、承诺性保障、安装、维修、送货、技术培训等。从一定意义上讲，国内外许多企业之所以获得成功，是因为它们更深刻地认识到服务在产品整体概念中占有重要地位。在日益激烈的竞争环境中，延伸产品已成为竞争的重要手段。潜在产品是指现有产品（包括所有附加产品在内）中可能发展成为未来最终产品的处于潜在状态的产品。它是由企业提供的能满足顾客潜在需求的产品层次，是产品的一种增值服务或额外价值。它与延伸产品的主要区别：在没有潜在产品层次时，顾客仍然可以很好地使用产品的核心利益或服务。潜在产品显示了现有产品可能的演变趋势和前景。

二、体育产品及其分类

（一）体育产品

体育产品包含众多产品，可以分为有形产品和无形产品，有形产品如体育营养食品、运动服装、运动场地器材、各种健身娱乐器材等；无形产品即体育服务产品，以满足人们的健身、娱乐和精神需要，无形产品分为观赏类、参与类、中介信息类。由此，体育产品可定义为任何具有有形或无形属性的，用来满足消费者运动、健身或娱乐相关的需求或欲望的物品、服务、人员、地点或创意。

（二）体育产品分类

一个产品种类是一组极其类似或者有相似特征的产品。研究这些产品种类能够使营销人员充分理解并销售他们的产品。对体育产品的分类，按不同的参照系可以有很多分类方法，如按产品的耐用性、形态、消费者购买习惯、季节、活动空间、活动项目等分类。

将体育产品按形态来分，可以是有形产品、无形产品和实物产品、非实物产品，这便于理解体育产品的特殊性。

1. 体育有形产品

体育有形产品是指能够满足人们体育方面需求的实物产品。按照体育有形产品功能和用途来划分，一般可将体育有形产品分为竞技体育有形产品、大众体育有形产品和体育科研测试仪器三大部分。竞技体育有形产品是指为提高运动员竞技水平，创造公平和利于运动员发挥最佳水平的竞赛环境而产生和销售的体育有形产品，一般包括竞赛器材、训练器材、专业比赛服和比赛鞋、运动饮料和运动营养品、运动配备用具以及体育奖品、体育纪念品等。

大众体育有形产品是指满足人们健身、休闲娱乐需求的体育有形产品，一般包括健身康复器材、体育休闲娱乐器材、体育休闲服和体育休闲鞋等。主要指为测量身体形态、素质、机能状态以及进行运动技术分析、评定而使用的仪器设备，如弹跳仪、身体量高仪、运动肺活量测试仪、遥控心电仪等。

2. 体育无形产品

体育无形产品是以活劳动非实物形态向社会提供各类体育服务，以满足人们健身、娱乐和精神需要的产品。体育无形产品大体可归纳为：观赏类，包括体育竞赛表演和体育旅游等；参与类，包括体育医疗、体育康复、体育保健、体育博彩、体育培训等；中介信息类。体育无形产品具有特殊性，表现在产品的非实物型；产品同生产行为不能分离；生产和消费的时空一致性。体育经纪产品主要包括运动员经纪、体育赛事经纪、体育组织经纪。

三、体育产品的生命周期和组合

产品生命周期是现代营销学的一个重要概念。研究体育产品生命周期，可以使企业更好地了解本体育企业产品的发展趋势，适时地开发新产品，并根据产品生命周期各阶段的特征，有效地利用营销组合策略，使体育企业在动态的市场环境中求得生存和发展。

（一）体育产品的生命周期

产品生命周期是指某产品从进入市场到被淘汰退出市场的全部运动过程。产品生命周期是产品的市场寿命，而不是产品本身的寿命或产品的使用寿命。产品生命周期的长短主要取决于市场的需求和技术的更新换代状况。体育产品"生命"分为"自然寿命"和"市场寿命"。"自然寿命"是指一件产品使用的时间，由使用到报废的过程，如运动鞋穿坏了，体育器材报废了等。

目前，在大多数关于产品生命周期的讨论中，往往将一种典型产品的市场生命历程描绘成一条钟形曲线。根据产品的生命周期中销售额和利润的变化，一般将产品生命周期分为四个阶段：导入期、成长期、成熟期和衰退期。体育公司管理层或营销人员必须认识到一个产品在各个时间段所处的产品生命周期的阶段，这一判断将会对营销战略决策产生影响。

1. 导入期

导入期也称介绍期，是指在市场上推出新产品后，产品销售缓缓增长的时期。在这一阶段，很可能没有人了解产品的存在。这时，体育营销人员必须积极地进行促销以使渠道商和消费者都意识到产品的存在。在此阶段，由于销售量有限，而且产品导入市场支付了大量前期研发费用和产品推销费用，因此企业几乎没有利润。体育公司可能在最初的市场研究中得出这种产品将会有市场的结论，但是当产品最终被引入市场时，很多事情可能会发生，比如市场不再对这种产品感兴趣了，消费者的需要或想要的东西可能已经改变了，或另一家公司已经进入市场并抢占了市场份额。因此，体育公司必须在这一阶段进行积极的促销以创造对该产品的需求。

2. 成长期

成长期是指产品被市场迅速接受、生产成本和营销成本大幅下降、销售额快速上升、利润明显增加的阶段。但是，尽管销售量和利润在剧增，公司仍然处在危险中。因为在这一阶段，竞争者将会带着同样或相似的产品进入市场。这种竞争将会导致价格下降，利润随之下降。此时，积极的价格促销，成本上的调整，针对模仿者的起诉和其他一些营销策略将会帮助公司稳定利润。

3. 成熟期

成熟期是指产品已被大多数的潜在购买者所接受，产品销售额由显著上升转向缓慢下降的阶段。在这个相对较长的时期，同类产品的竞争加剧，为维持市场地位，市场开发成本和营销费用相应增加，导致企业利润相对稳定转向下降。同时，产品在这一阶段经过改变得以充分满足消费者的需求。竞争产品间的差别开始减少。在此时，公司应该开始针对他们认为可以赢得市场优势的产品上的任何差异进行促销。通常，价格战将开始并持续到有一个或更多的公司被逐出特定的产品市场。这个时候，体育公司必须要作出关键的营销决策。

4. 衰退期

衰退期是指消费者的兴趣发生转移，产品销售的下降趋势增强，利润不断下降并逐步趋于零的阶段。可能有很多原因造成这一结果，比如市场中出现新产品，潮流转变或新技术的出现。这个时候，体育营销人员将面临决策，是停止生产该产品还是对其进行改变（有时甚至是剧烈的改变）以使产品得以重生。当然，体育营销人员有时可能也需要静观其变，看看哪些公司先退出市场。这可能是一种成功的策略，因为如果有大量公司退出市场，你的公司将可能成为还在提供产品的少数公司之一，这时，产品生命周期将会被停止。但不可否认，当公司采用这种观望策略时，往往风险也很大。

对产品生命周期四个阶段的划分仅仅是从理论上就一般性发展规律的探索。事实上，消费市场有许多不可知因素，并不是所有的产品都经历了这一过程，有时新产品也逃不掉失败的厄运，有些并不是产品自身的不足和缺陷，而是决策者们能否把握有利时机。

（二）体育产品的组合

一个企业可能只生产一两种产品，也可能生产多种产品。当一个企业向市场提供多种产品时，其全部产品的结构或配置就形成了一个产品组合。

产品组合是指企业提供给市场的全部产品和产品项目的组合或结构。体育产品组合是指体育企业生产或经营的全部一组产品，如一个体育用品制造商供应十种不同的体育器械。产品组合可以以产品项目和产品线来衡量。产品项目，即产品大类中各种不同品种、规格、质量的特定产品，企业产品目录中列出的每一个具体的品种就是一个产品项目，如有氧操课程是健身中心的健身产品线中的一个产品项目。产品线，是许多产品项目的集合，这些产品项目之所以组成一条产品线，是因为这些产品项目具有功能相似、用户相同、分销渠道同一、消费上相连带等特点，如一个职业女子高尔夫球联赛提供两条生产线，观看高尔夫比赛和出售纪念品。

产品组合是企业生产经营的全部产品线、产品项目的组合方式，即产品组合的宽度、深度、长度和关联度。产品组合的宽度是企业生产经营的产品线的多少，如体育赛事中可以有门票、场地广告、冠名、特许销售、赛事转播等；产品组合的长度是企业所有产品线中产品项目的总和；产品组合的深度是指产品线中每一个产品有多少品种；产品的关联度是各产品线在最终用途、生产条件、分销渠道和其他方面相互关联的程度。产品组合的四个维度为企业制订产品战略提供了依据。

第三节　体育经纪定价策略

价格是由供给和需求共同决定的。在体育市场中，体育产品的价格主要是由体育产品的供给（运动员、教练员、裁判员等所能提供的赛事或企业所生产的有形产品）和体育产品的需求（即消费者对体育产品的购买欲望和购买能力）共同决定的。

一、不同体育产品价格的影响因素

体育市场不仅向消费者提供实物型的体育消费品，而且提供非实物型的体育消费品，后者也称为体育劳务或体育服务产品。体育经纪主要属于体育服务。实物型的体育消费品，价格的确定和一般的消费品一样，以价值为基础，实行等价交换，同时又受其他因素的影响，主要有产品的价值量、市场的供给情况、其他因素等。价格是由价值量决定的，并围绕价值上下波动。同时，价格受市场上供给与需求状况的制约。此外，价格还受其他因素的影响。

对于体育服务产品，由于它自身的特点，要进行具体分析。体育服务产品中有一部分属于重复型，如体育健身娱乐场所的服务、一般的体育技术辅导培训等，创新性较少，社会也需要其重复地大量生产，因而重复型体育服务产品的价值量不是由个别劳动时间决定的，只能由生产该体育服务产品的社会必要劳动时间即社会平均劳动时间来决定。

创新型体育服务产品的价值量难以确定，因此，应认真研究体育市场上的价格机制与定价政策。在正常企业化经营的条件下，体育服务产品的价格包括成本、利润和税金三部分。

二、体育经纪活动的定价

体育经纪活动的基本要素包括信息、合同和佣金。其中佣金是体育经纪人所获得，是委托人依照法律规定或者双方约定，因体育经济业务而支付给体育经纪人的报酬。国家法律承认体育经纪人在体育经纪活动中收取佣金为合法行为，同时也保护体育经纪人收取佣金的权利。体育经纪人在开展体育经纪业务时需要投入资金，付出劳动，同时承担一定的风险。

经纪人的佣金是劳动报酬、风险报酬和经营收入的综合收入，是委托人依照法律规定或者双方约定，在完成了经纪业务后支付给经纪人的劳动报酬，实现相应权益的一种主要表现形式，是经纪人参与具体的经纪事务，在一定的社会劳动时间内所创造的劳动价值和社会价值的体现，是经纪人的合法收入，受国家法律保护。

（一）佣金的类型

佣金由成本和利润两个部分构成。佣金的成本包括直接费用（差旅费、车船费、资料费、电信费、打印费等）和长期知识积聚费用的折扣率。根据国家法律和有关规定，佣金的成本和利润可以分开计算，也可以合并计算和收取。

佣金分为法定佣金和自由佣金两种。法定佣金是指经纪人从事特定经济业务时，按照国家对特定经纪业务规定的佣金标准获得的佣金。这种佣金具有强制效力，当事人各方都必须接受，不得高于或低于国家规定的佣金费率标准。自由佣金是在国家法律、规章及规范性文件没有明确规定佣金费率标准的市场上，按经纪人与委托人协商确定的佣金标准获得的佣金，并写入委托合同之中。这种由当事人之间协商确定的费率，标准一经确定，即对双方具有约束力，违约者要承担违约责任。

由于佣金是经纪人提供经纪中介服务的一种特殊价格，因此自由佣金就和商品的市场价格一样，由供求双方协商确定。自由佣金按经纪中介成交额的一定比例提取，数量标准相差很大，经纪中介成交额越大，提取比例越低。比例可以分阶段确定，逐级递减。如果成交额非常大可以采取封顶的办法，明确规定最多只能收取多少佣金。如果成交额较小，也可以采取保底的办法，明确规定最低应该支付多少佣金。因此，佣金的数额多少要取决于所交易商品的价格。

此外，还可以采取包价的形式确定佣金，经纪人代理委托人进行交易时必须满足委托人规定的最低价，超出最低价的部分，经过预算，得到委托人认可，才可以作为佣金。

（二）佣金的支付和获取

佣金的支付人是经纪业务的委托方。在体育经纪合同中规定的体育经纪业务委托方有义务支付佣金。佣金可以用现金、转账结算或其他方式来支付。体育经纪人收取佣金应当开具发票，并缴纳税金和行政管理费。除法律、法规、规章另有规定外，支付佣金的时间应按照经纪人与委托人合同签订的合同确定。在一般情况下，佣金往往是在经纪活动成功后由委托人支付给体育经纪人，但有时委托人会提前支付经纪人部分佣金，等中介成功、买卖双方签订合同后，再支付剩余部分佣金。

（三）佣金的比例

由于体育经纪人所经纪的对象具有特殊性，如比赛、运动员、体育组织、俱乐部等，其价值的估计远比商品困难得多，因而佣金标准的制订也更为复杂。因此，体育经纪佣金的限制和管理是必不可少的。但目前我国还没有出现体育经纪佣金方面的规章和管理规定。

体育经纪佣金在国外一些体育经纪活动发展较早、较成熟的国家，已经形成了一定的标准，但也在不断的体育经纪实践中完善。按比例收取佣金的方式最为常见。由于体育经纪业务的对象不同，如社会团体、公司法人、个人等各类经济组织；经纪的内容不同，如电视转播权、广告赞助权、个人形象开发权以及代理体育组织举办比赛、代理运动员转会等；经纪的体育项目不同，如集体项目篮球、足球、排球，个人项目田径、网球、拳击、滑冰等，体育经纪人收取佣金的比例标准也会有所不同。通常情况下，各类体育经纪活动的佣金比例为：

（1）代理运动员与俱乐部或职业体育组织进行劳资谈判的佣金比例较低，通常为运动员收入的0.5%～5%。

（2）负责运动员的财务管理一般收取总额的5%。

（3）比赛奖金提取10%。

（4）代理运动员与体育组织以外的自然人或法人进行运动名字或形象的商业开发，包括广告、赞助和电视转播合同等，佣金比例较高，足球经纪人方面的佣金为5%～15%，网球经纪人为10%～25%，田径经纪人为15%～30%。

不同的经纪业务采用不同的佣金标准，一方面有助于建立职业体育中较为稳定的劳资关系，保护运动员及职业体育组织的利益；另一方面也能鼓励经纪人积极开发运动员的商业价值。近年来，在足球经纪人的实际操作中，越来越多的运动员与经纪人经过协商，根据获益情况，确定基本佣金和激励佣金两个不同标准，以调动经纪人进行商业操作的积极性。如果由经纪人公司代理，佣金提成比例则更大。一些田径经纪人公司代理运动员劳资谈判，会收取运动员收入的40%～45%作为佣金，国际管理集团代理网球运动员谈判出场费和奖金的佣金标准是25%。

随着我国体育经纪活动的逐步开展和繁荣，体育经纪人管理制度日益完善，体育经纪佣金的限制和管理必然会越来越受到重视。合法的经纪人应严格按照国家规定的结算和支付方式进行佣金的支付工作，并依法照章纳税。

（四）佣金的纳税

1. 营业税

体育经纪人所从事的业务是中介劳务，并非生产性的经营活动，因此无须缴纳增值税，而是视情况缴纳营业税。营业税属于流转税的范畴，是对在我国境内提供应税劳务、转让无形资产或者销售不动产的单位和个人，就其营业收入征收的一个税种。文化体育事业与交通运输、建筑、金融保险、邮电通信、娱乐、服务同为国家规定的应税劳务种类。营业税实行比例税率，文化体育事业为3%。

营业税起征点的适用范围仅限于个体体育经纪人。只有当纳税人的营业额达到规定的起征点后才对其征收营业税，否则免征营业税。起征幅度为：按期纳税为月营业额200~800元；按次纳税为每日营税额50元。纳税人的具体纳税期限由主管税务机关根据纳税人应纳税额的多少分别核定，分别是5日、10日、15日或1个月，不能按照固定期限纳税的可以按次纳税。

2. 个人所得税

个人所得税以纳税人的所得为征税对象。个人所得税的计税依据为应纳税所得额。我国个人所得税采取分项征收制，对各种不同所得分别规定是否扣除费用以及扣除的方法和数额。对于不同项目的个人所得，国家规定了几种不同的税率：工资、薪金为5%~45%，个体工商户的生产经营所得、承包经营或承租经营以及转包转租所得为5%~35%，劳动报酬所得、稿酬所得、特许权使用所得，利息、股息、红利所得、财产租赁所得、偶然所得使用20%。个人所得实行源泉扣缴和个人自行申报纳税两种方法。

3. 企业所得税

企业所得税是对企业的生产经营收入和其他所得征收的一种税。除国家法律规定外，凡是实行独立经济核算的企业都是企业所得税的纳税人。因此，具有法人资格的体育经纪机构必须缴纳企业所得税。企业所得税的依据是应纳税所得额。

除以上三个与经纪人相关的主要税收外，还有其他一些税种对经纪人的活动也产生一定的影响，如车船税、印花税、耕地占用税、土地使用税、遗产税等。为保证体育经纪人活动的合法性，体育经纪人必须学习和掌握这些税种的具体内容和征收规定。一旦发生税务违法行为，依据我国税收征管法的规定，将负有法律责任，并将受到相应处罚。

本章小结 体育经纪是指在体育市场中的体育组织或个人为实现体育产品或服务的交易行为充当媒介而形成的居间、行纪或代理等活动的总称。体育经纪是体育市场中的重要组成部分，属于体育中介市场的领域。

体育产品是任何具有有形或无形属性的，用来满足消费者运动、健身或娱乐相关的需求或欲望的物品、服务、人员、地点或创意。根据产品的生命周期中销售额和利润的变化，一般将产品生命周期分为四个阶段：导入期、成长期、成熟期和衰退期。

体育经纪活动的基本要素包括信息、合同和佣金。其中，佣金是体育经纪人所获得，是委托人依照法律规定或者双方约定，因体育经济业务而支付给体育经纪人的报酬。佣金由成本和利润两个部分构成。佣金的成本包括直接费用（差旅费、车船费、资料费、电信费、打印费等）和长期知识积聚费用的折扣率。

回顾与练习

1.什么是体育经纪？体育经纪与体育市场之间有什么关系？

2.什么是产品生命周期？产品生命周期共分哪几个阶段？

3.对体育营销人员而言，为什么了解公司各产品处在产品生命周期中哪一阶段是极为重要的？

4.佣金由哪几个部分组成？其获取方式包括哪几类？

知识拓展

全球第一经纪公司 CAA（Creative Artists Agency）

创新艺人经纪公司（Creative Artists Agency，CAA）创立于1975年，总部设在洛杉矶，是一家为全球的电影、电视、音乐、戏剧、体育、电子游戏、互联网等众多领域中最有创意和最成功的艺术家提供代理服务的精英人才经纪代理公司。同时，CAA也代理众多企业客户，为其提供娱乐营销解决方案等战略性营销服务。创新艺人经纪公司（CAA）在将其业务扩展至职业体育领域不到10年的时间里，已经确立了自己在体育人才经纪行业的统治地位。根据福布斯网站的数据显示，截至2015年9月，CAA已经与包括美国四大职业联盟（橄榄球NFL、棒球MLB、篮球NBA、冰球NHL）在内的众多运动项目领域的307名运动员签订了总价值64.3亿美元、总年限达1014年的经纪合同，而公司自身所赚取的佣金总额也有2.6亿美元。而CAA之所以能取得如此大的成就完全要归功于旗下众多的资深职业经纪人，在福布斯排出的2015年全球50大最有价值的体育经纪人中有9人来自CAA。

《福布斯》公布 2015 年全球十大体育经纪公司

随着在职业运动队身上下重点的电视媒体和体育市场数量呈现爆发式增长，运动员的薪水被抬到一个前所未有的高度，体育经纪机构们也迎来了盈利的高潮。福布斯精选的这些最有价值体育机构目前与职业运动员的合同交易额共达到376亿美元，这还不包括他们超过18.5亿美元的佣金。

2015年世界十大最有价值体育经纪公司

排名	名　称	主营运动	佣金/亿美元	合同交易额/亿美元
1	创新艺人经纪公司（CAA）	橄榄球，篮球，棒球，高尔夫，曲棍球	2.6	64
2	波拉斯公司（Boras Corp）	棒球	1.17	17
3	相对论体育（Relativity Sports）	橄榄球，篮球，棒球	1.14	33
4	瓦瑟曼传媒集团（Wasserman Media Group）	橄榄球，篮球，足球，棒球，高尔夫	1.14	23
5	蒙迪尔体育管理公司（Mondial Sports Management）	足球	1.05	11
6	盖斯迪福特国际公司（Gestifute International）	足球	0.96	9.6
7	八边形体育（Octagon）	橄榄球，篮球，棒球，曲棍球	0.95	22
8	卓越体育管理公司（Excel Sports Management）	棒球，篮球，高尔夫	0.94	20
9	新港体育管理公司（Newport Sports Management）	曲棍球	0.55	14
10	恒星集团（Stellar Group）	足球	0.44	4.4

从这份列表中可以看出，不管是合同交易额还是佣金，CAA都远超第二名两倍以上，这无可争议地将CAA推上了体育经纪机构中霸主的地位。CAA走的是明星签约路线，像娱乐圈和体育圈中的汤姆·克鲁斯和贝克汉姆等是其公司的主要服务对象。2014年年底，CAA解

雇橄榄球事业部联席主管本·多格拉后，对体育部分进行了改组，邀请到知名谈判代表托德·弗兰斯加入吉米·塞克斯顿和汤姆·康顿的超级经纪人组，三人共同管理公司的NFL业务。这三人旗下的客户囊括了现今NFL联盟身价最高的运动员，包括托尼·罗莫、德鲁·布利斯、佩顿·曼宁、格拉德·麦考伊、J.J.瓦特、伊莱·曼宁和恩达姆孔·苏等，这些球员的合同总价值高达26亿美元。

除了核心客户NFL的球员外，CAA在别的体育项目，如NHL，MLB和NBA上也取得第二名的好成绩。在经纪人勒兹·巴勒罗、杰夫·贝瑞和布罗迪·范·瓦格棱的领导下，CAA棒球部与MLB达成超16亿美元的合作，其中包括西雅图水手队罗宾逊·卡诺签约的2.4亿美元、旧金山巨人队巴斯特·波西的1.67亿美元以及费城费人队瑞安·霍华德的1.25亿美元的交易。至于CAA篮球部，在以里昂·罗斯为首的经纪人领导下，完成了超过8亿美元的球员合同。合作的球星包括迈阿密热火队的韦德和波什、纽约尼克斯队安东尼洛杉矶快船队后卫克里斯·保罗。超级经纪人J.P.巴里和帕特·布里森以超过13亿美元的交易额使CAA棒球部在所有竞争公司中占据第一的位置。CAA在福布斯2015五十大体育经纪人中也占有明显优势，前50名里有9名来自CAA旗下。

榜单上排名第二位的是波拉斯公司，这是当今美国职棒界最成功经纪人史考特·波拉斯创立的公司。在他管理下的价值17亿美元的棒球合同使他建立起了"波拉斯帝国"。在未来几年中，波拉斯已经谈下的合约将为他的公司带来超过1.17亿美元的佣金。波拉斯精明的谈判技巧使他几乎拥有美国职业棒球联盟（MLB）的垄断权，棒球界的许多大牌明星，如华盛顿国民队的投手史蒂芬·施特劳斯堡、纽约扬基队的杰克比·埃尔斯布里以及圣路易斯红雀队马特·哈乐戴等，都与他合作。

拥有价值33亿美元有效合同及1.14亿美元佣金的第三名相对论体育公司，相比前两位虽然成立时间稍短，但它在体育经纪公司里的迅速崛起让人印象深刻。它的母公司相对论传媒集团前不久陷入困境，已经申请了破产保护，但其单独的体育经纪机构仍然继续运行，并且很有发展。就在母公司申请破产保护的前几天，匹兹堡企鹅队的拥有者、亿万富翁罗恩·柏克尔买下相对论体育公司一半的股份。该机构邀请到前CAA知名橄榄球经纪人本·多格拉加盟。目前，在多格拉的带领下，相对论公司已经签下了如西雅图海鹰队马肖恩·林奇、明尼苏达海盗队阿德里安·彼得森、休斯敦火箭队中锋霍华德以及底特律老虎队米格尔·卡布雷拉和投手贾斯汀·维兰德等大牌球星。

在2015年的排名中，47家体育经纪公司共涉及75项体育项目。一些公司如拉格代尔体育共涉猎6种不同的运动（棒球、橄榄球、篮球、曲棍球、网球和高尔夫）；而有些公司如第5名的蒙迪尔只专注足球一项运动。有些联合性大企业如排名第4名的瓦瑟曼传媒集团（WMG）和第8名的卓越体育管理公司因其集团化多少会对它们排名前列有一些影响，但排名前十的公司里有5家公司是独立的体育机构，且47家公司里只有10家涉及多种运动项目。

我国目前进行体育经纪活动的 14 家公司

一、盛力世家

盛力世家（SECA）创立于2010年，是一家体育营销公司，目前已经获得近一亿美金C轮融资，公司主要覆盖经纪、赛事、咨询和内容四大块业务。在体育经纪方面，盛力世家旗下签约运动员超过100人，项目涉及田径、拳击、足球、击剑、花样滑冰、单板滑雪等，其中邹市明、苏炳添、于大宝、申雪/赵宏博等顶级运动员，已经成为各自领域的运动偶像和商业宠儿。

二、阿里体育

阿里体育成立于2015年9月8日，由阿里巴巴集团控股，新浪和云锋基金共同出资成立，CEO为张大钟。里约奥运会期间，阿里体育与北京旭日五环体育经纪有限公司的签约，启动明星经纪平台。旭日五环是一家专业体育营销顾问公司。杜丽、陶璐娜、焦刘洋、汪皓、张娟娟、仲满、火亮、黄旭等奥运冠军加盟经纪平台。阿里体育获得明星在互联网及线下商务开发的独家权益，在电商、培训、直播等领域为这些体育明星们开冠军店、冠军学校、冠军频道等，开发和推广他们的商业形象，建立粉丝社区，让这些冠军的价值得到再次提升。

三、乐视体育

乐视体育经纪公司成立于2016年3月，CEO为卢山，前央视的体育主播刘语熙担任乐视体育经纪公司的合伙人。2016年7月，乐视体育经纪公司宣布与中国"90后"天才篮球运动员郭艾伦签约，成为旗下第一位官宣的签约运动员。乐视体育经纪公司将为郭艾伦注入"互联网基因"，由此开启篮球经纪业务。据悉，乐视体育经纪公司将和国外体育营销品牌展开合作，挖掘体育明星的商业价值。

四、盈方体育传媒（中国）有限公司

盈方体育传媒集团总部位于瑞士祖格，是一家专业体育营销公司，同时也是全球五大体育营销公司之一，全球最大的体育电视内容制作及转播公司。2003年，盈方体育传媒集团的全资子公司盈方体育传媒（中国）有限公司在北京成立。2016年7月，万达成功并购瑞士盈方体育传媒集团。盈方中国主要业务包括体育咨询服务、转播服务、体育营销、运动员经纪等诸多方面。在运动员经纪方面，盈方代理众多优秀运动员和体育明星的商业开发权益。

五、香蕉体育

香蕉体育成立于2015年12月，CEO是前中央电视台主持人段暄，负责香蕉体育的运营和管理。香蕉体育在影视、娱乐、电竞方面均有布局，未来打造泛娱乐多栖发展的产业闭环。2016年8月，香蕉体育宣布与运动员武磊签约，正式布局体育经纪领域。除了武磊之外，里约奥运中国代表团旗手雷声、邹凯及其妻子周捷、女足姑娘古雅沙、跳远名将李金哲，以及撑杆跳选手薛长锐，都已经被香蕉体育招致麾下。

六、双刃剑体育

双刃剑体育成立于2004年，是一家体育营销公司，公司以体育营销平台为核心，延伸到体育经纪、体育版权、体育科技、体育大数据等业务，创始人是蒋立章。双刃剑体育与运动员、教练、俱乐部都有紧密的合作关系，2016年7月，双刃剑体育宣告与欧洲顶级体育经纪公司MEDIA-BASESPORTS（MBS）的独家战略合作。MBS旗下拥有瓜

迪奥拉、伊涅斯塔、苏亚雷斯等享誉世界足坛的巨星，并与拜仁、巴萨、皇马、曼城等保持着良好的合作关系。

七、雷曼股份

雷曼股份成立于2004年，公司全称为深圳雷曼光电科技股份有限公司，是一家LED光电产业界的企业，目前公司以高科技LED产业及体育产业的双主业进行布局发展。2016年，雷曼股份宣布与葡萄牙职业联盟一系列战略合作，独家冠名葡萄牙职业足球甲级联赛，通过与葡甲联赛的深度合作，开启"雷曼留洋计划"，主要将有潜力的足球运动员输送至葡甲等欧洲联赛，通过宝贵的海外留洋经历提升球员实力，为中国足球培养人才，同时创造可观的球员经纪业务收入。

八、众辉体育

众辉体育成立于2004年8月，全称为北京众辉国际体育管理有限公司，是一家国际体育营销管理公司，主要从事国内外运动员经纪、体育赛事及活动管理、体育公关咨询、体育营销咨询等业务。在运动员和运动队经纪领域，众辉体育先后成为姚明、纳什、丁俊晖、易建联、张琳、侯逸凡、林丹、中国国际象棋队球队、上海东方篮球队等国内外运动员和运动队的经纪代理机构。

九、领先体育

领先体育成立于2003年4月，全称为上海领先体育投资管理有限公司，是一家集体育产业投资、体育经纪、场馆经营和俱乐部经营于一体的综合性体育公司。公司主要从事体育产业的开发及管理，经营包括体育与健身领域的培训、咨询、研发、投资、经营及运作体育场馆等业务。公司法定代表为张辉。

十、澳洲虎体育

澳洲虎体育成立于2010年8月，全称为澳洲虎体育传媒（深圳）有限公司，法定代表为刘冰。公司的主营业务包括体育赛事策划、推广和运营承办、体育经济信息咨询、体育经纪中介服务、体育用品、定型包装食品、饮料的批发、进出口及相关配套业务。

十一、风云体育

风云体育成立于2013年7月，公司全称为杭州风云体育经纪有限公司，是一家从事职业体育经纪运营的有限责任公司。公司核心业务包括运动经纪、赛事经纪、海外体育游。公司法定代表为朱绍共。

十二、北京星际体育

北京星际体育成立于2000年8月，公司全称为北京星际体育文化发展有限公司。公司主要业务包括组织文化体育活动（体育比赛除外）、组织展览展示、技术咨询、培训、体育经纪业务、企业形象策划、影视策划等。公司法定代表为夏松。

十三、迅智体育

迅智体育成立于2006年1月，全称为上海迅智体育经纪有限公司，法定代表为朱丽娜。公司主要经营的业务包括体育经纪、市场营销策划、企业形象策划、商品信息咨询、投资咨询（除经纪）、展览展示会务礼仪服务、体育用品、体育器材、工艺礼品销售。

十四、悦胜体育

悦胜体育成立于2009年12月，全称为杭州悦胜体育经纪有限公司，法定代表为金明。公司主营业务为体育活动策划、体育经纪、体育信息咨询、体育赛事、户外活动策划等。

第九章
体育场馆市场营销策略

【学习任务】

通过本章的学习，理解体育场馆以及体育场馆市场的内涵，了解在体育场馆市场营销中的四种主要策略：产品策略、定价策略、渠道策略和促销策略。

【学习目标】

● 从体育场馆和体育场馆市场概念入手，熟悉体育场馆日常运营的产品项目和内容。

● 了解体育场馆市场营销组合中的产品策略、定价策略、渠道策略和促销策略。

● 初步掌握体育场馆产品的一些营销手段和技巧。

【学习地图】

体育场馆市场相关概念→体育场馆市场营销策略

一、体育场馆的内涵

（一）体育场馆的概念

体育场馆是指为了满足运动训练、竞赛以及大众体育锻炼和休闲需求而专门修建的各类运动场所的总称。为了区分室内和室外运动场馆，通常把全封闭式的室内运动场所称为馆，如北京体育馆、广州体育馆、深圳湾体育馆等；把室外的运动场所称为场，如田径场、自行车运动场、高尔夫运动场等。体育场馆是体育事业赖以生存和发展的基础设施，是竞技体育、群众体育和体育产业发展的主要物质保障，是构建社会体育公共服务体系、满足人民群众日益增长的体育文化需求的主要载体和物质基础。

（二）体育场馆的属性

1.体育场馆的产业属性

体育场馆的产业属性是由它在国民经济和社会发展中的地位与作用决定的。1985年5月，由国家统计局制定，经国务院批准的《国民生产总值计算方案》正式实施，在该方案中，将全部经济活动划分为第一产业、第二产业、第三产业，并将体育产业列入第三产业中的第三层次。1995年，国家体委在《体育产业发展纲要》中对体育产业作了明确的定义："我国体育产业包括三大类别：第一类为体育主体产业，指发挥体育自身的经济功能和价值的体育经营活动内容，如体育竞赛表演、训练、健身、娱乐、咨询、培训等方面的经营；第二类指为体育活动提供服务的体育相关产业，如体育器械及体育用品的生产经营等；第三类指体育部门开展的旨在补助体育事业发展的其他各类产业经营活动。"2003年，国家统计局制定的新的《国民经济行业分类》中，把体育产业以单独类别列出，地位进一步得到提升，并对体育产业小类所包括的各种产品生产或劳务（服务）活动的范围进行了详细的说明和解释。其中明确指出，体育场馆产业就是体育产业的一个重要组成部分。可见，体育场馆已成为衡量我国体育产业发展水平的一个重要指标，为我国体育场馆今后的发展定位和服务方向提供了政策依据。

2. 体育场馆的社会公益属性

公共物品和公共服务是社会公益的物质表现形式。同样，我国的公共体育场馆是社会体育公益的物质表现形式，因此，体育场馆具有社会公益的属性。具体来说，我国体育场馆的公益性主要体现在以下两个方面。

（1）绝大多数体育场馆是国家利用公共土地资源、使用社会纳税人的钱建设起来的，国家有义务、有责任保障社会纳税人的基本权益。2003年6月26日，温家宝总理签署了中华人民共和国国务院令（第382号），颁布了《公共文化体育设施条例》，再次以法规的形式强调公共体育设施的公益性。

（2）体育场馆的服务内容必须适应我国建成小康社会、和谐社会的客观要求。国家促进社会平等，保护国家的根本利益，建立社会保障体系，低价甚至免费向相关弱势群体提供相应服务，是改善和提高人民群众整体利益和基本福利的社会职能的一种体现。例如，国家"奥运争光"计划、国防体育、学校体育、公共场所简易体育设施以及残疾人体育等服务国家整体利益为取向的基本公共体育服务，这些都体现了体育场馆的公益性。

3. 体育场馆的商品属性

体育场馆的经营管理活动是一种无形的消费品，属于服务类商品的范畴。尽管在这种活动过程中的部分要素是有形的，如体育场馆设施、器材等，但它们只是实施体育消费过程所依靠的工具，离开了体育的消费过程，这些有形的物质要素并没有实际意义。消费者的消费过程并不具有长度、质量、体积等实物形态，就像酒店服务和旅游服务的消费过程一样，并没有出现物质产品所有权的转移。此外，体育场馆的生产过程、交换过程与消费过程同时发生。消费者在体育场馆上的消费过程就是观赏体育表演、参与体育健身娱乐活动的过程，这种活动一旦结束，体育场馆的功能和作用也会随之消失。

（三）体育场馆的类型

因体育场馆种类较多，功能不一，有学者根据不同的划分标准将体育场馆分为以下四类：①根据体育场馆的使用性质，将其分为体育比赛场馆、教学训练场馆和体育健身娱乐场馆等；②根据体育场馆的用途，把它们分为专用性体育场馆（如乒乓球馆只能专门进行乒乓球比赛、训练和培训，而不能开展其他项目）和综合性体育场馆（如深圳体育馆可用于游泳、篮球、排球、田径等项目的开展）两大类；③根据体育中心占地面积，可分为小型体育中心（一般占地面积在20公顷以下）、中型体育中心（占地面积为20~60公顷）、大型体育中心（占地面积在60~200公顷）和特大型体育中心（占地面积在200公顷以上）；④根据承办竞赛的级别要求，可将体育场馆分为特级（如奥运会、亚运会等世界级体育赛事）、甲级（如全国性和单项国际性体育赛事）、乙级（如地区级和单项全国性体育赛事）、丙级（举办地方群众性赛事）四个等级。

二、体育场馆市场的内涵

（一）体育场馆市场的概念

体育场馆市场既是市场的一个分支，也是体育市场的一个分支，它具有有形和无形两种形态，又具有实物和服务两种属性，是指体育场馆经营者利用体育场馆资源向消费者提供有形的体育产品和无形的体育服务的关系总和，属于体育劳务或服务消费品市场。体育场馆市场可以综合为以下四类：一是承办大型文体活动市场，主要有大型体育赛事的承办、大型文艺演出与文化活动的承办、大型会议展览的承办等；二是体育场馆商业物业市场，主要有商贸物业、餐饮物业、休闲娱乐物业、办公物业以及酒店物业等；三是群众体育活动市场，主要有体育健身、休闲、娱乐、体育培训等市场；四是体育场馆的无形资产市场，主要有场馆广告发布及商业冠名权的开发等。

体育场馆市场属于体育劳务或服务消费品市场，就是指不提供实物产品，而是以活劳动形式向体育消费者提供体育劳务或服务消费品的市场。因此，和一般生活资料市场相比较，体育劳务或服务消费品市场具有自己显著的特点。

（二）体育场馆市场的特点

1. 生产与消费具有时间和空间一致性的特点

体育工作者生产体育劳务或服务产品的劳动过程，同时又是体育消费者对体育劳务或服务产品的消费过程。体育劳务或服务产品在时间上和空间上是统一的，买卖双方、生产者和消费者的行为被融合为一个过程。因此，体育劳务或服务产品的生产和经营管理者，不仅要考虑体育消费者的需求数量和质量，而且要考虑到体育消费者在交通和时间上的方便。

2. 发育的不均衡性

体育消费是个人在满足基本的生存消费之后以追求发展和享受等方面需要的个人消费行为，受生产力发展水平及社会经济发展状况影响较大。一般来说，经济较发达的国家或地区，人们对体育劳务或服务产品的市场需求较大，经济比较落后的地区的市场需求相对较弱。因此，体育场馆经营管理者，要根据这一不平衡来开展体育场馆经营管理活动。

3. 产品需求在时间和季节上的差异性

由于体育消费者参加体育活动，观赏体育比赛均在余暇时间里进行，因此，体育劳务或服务产品的市场需求在时间上的差异性较大。一般来说，晚上大于白天，节假日大于平时。某些体育劳务或服务产品的消费需求和季节变化、天气变化有着一定的联系。如夏天对游泳池、水上乐园等消暑型的体育劳务或服务产品需求较大，冬天则几乎没有。天气晴好，气候宜人，对体育劳务或服务产品的社会需求会相应增加；刮风下雨，风云突变，会造成原有的体育消费需求因气候原因而被迫取消。因此，体育场馆经营管理者要了解、认识并掌握这一差异性，才能取得较好的体育经营效益。

4. 民族及地区间的波动性

由于外界因素和主观因素的影响，各国各地区的体育劳务或服务产品的市场需求存在着较大的波动性。如美国体育消费者喜爱的橄榄球、棒球、篮球、拳击等需求经久不衰，而不为美国人喜爱的足球市场需求相对较弱。但在欧洲、南美的一些足球王国，足球市场相当火爆。体育劳务或服务产品的市场需求大小，和一个国家或地区民族的兴趣爱好及社会文化有一定的联系。体育场馆经营管理者只有掌握了这一特点，才能达到事半功倍的效果。比如，目前大城市观众对一般比赛兴趣不大，故一般比赛开始向中小城市转移。如篮球，八一主场选择宁波，场场爆满；乒乓球循环赛选择大庆体育馆，球馆也是爆满。

（三）体育场馆市场的基本要素

一个市场繁荣与否，主要取决于以下三个基本要素，即人口、购买力和购买欲望。只有当人口众多、购买力和购买欲望都十分强烈时，商品才能被广泛深度流通，整个市场才能被激活。那么同样，构成体育场馆市场的基本要素也离不开这三个方面，即通过体育场馆资源进行消费的人口、消费水平以及消费欲望三个方面。三者相辅相成，对体育场馆市场起着决定性作用。

（四）体育场馆市场运营管理模式

1. 依据管理主体性质来划分

体育场馆的运营模式可分为事业单位运营管理模式、国有企业运营管理模式以及民营企业运营管理模式三种。

（1）事业单位运营管理模式：就是将体育场馆作为事业单位进行管理，管理方式以指令计划和行政手段为主，政府管理部门集行政职能和国有资产管理职能于一身。根据投入资金类型的不同，事业单位模式又可分为全额拨款、差额拨款和自收自支三种。现在大多数体育场馆的运营模式都属于后两种模式。如深圳体育馆就属于事业单位运营管理模式。

（2）国有企业运营管理模式：其特点是行业行政管理部门不直接管理体育场馆，作为政府的职能部门，只履行统筹规划、掌握政策、组织协调、监督服务等职能，政府通过组建公司对体育场馆进行管理。此模式完全是一种市场化经营模式，体育场馆已成为一家独立自主、自负盈亏的国有企业单位。例如，上海东亚体育文化中心是由上海市体育局所属的上海东亚集团为主，与上海市文化广播影视管理局、上海文汇新民联合报业集团通过强强联合组建的体育文汇产业公司，其经营区域包括上海体育场、上海体育馆以及其属所有实体在内的地域。

（3）民营企业运营管理模式：是指由私人投资建设和经营体育场馆的模式，通过具有独立法人资格的企业来运营管理体育场馆。

2. 依据经营权获取方式不同来划分

体育场馆的运营模式可分为自主运作、合作经营和委托管理三种模式。

（1）自主运作模式：即国家投资建设体育场馆，并组建成立相应的事业单位对体育场馆实施管理，开展自主运营。在我国，大多数体育场馆都采用这一模式。

（2）合作经营模式：是指借鉴国有企业改革经验，引入了承包、租赁等经营手段，形成以承包经营、租赁经营等形式为主的合作经营模式。合作经营模式是体育场馆与社会力量在不改变体育场馆事业单位性质的基础上互相协作、互惠互利，以达到一种双赢的经营模式。

（3）委托经营模式：委托经营模式是指体育场馆的产权方——政府或政府授权部门，通过公开招标等市场运作手段，按照效率优先原则，将体育场馆委托给专业机构进行运营管理，再由该机构向社会提供公共体育服务，实现体育场馆的所有权和经营权的分离。

第二节　体育场馆产品策略

一、体育场馆产品策略概述

体育场馆的营销是以满足消费者需求来研究体育场馆产品和服务的，但是由于体育场馆不单纯以商品形式存在，它还涉及社会公共产品等因素。因此，场馆产品的设计、开发、推广不仅要满足消费者的需要，同时还要注重其公益性的需求。

体育场馆产品是指体育场馆经营者依托体育场馆资源，以满足体育市场需求而向体育观众、参与者和赞助商等提供的商品或服务，或者是两者的结合体。不同商业模式运作下的场馆，产品形态截然不同，分为有形产品和无形产品。有形产品包含场馆的租赁、物业地产经营等，而无形产品包含体育场馆广告开发、冠名权开发等无形商品的开发和服务。

二、体育场馆的产品组合

（一）产品线

在体育场馆的群众健身服务产品中，无论是田径、球类，还是游泳，或是器械健身，它们的功能都是增强体质、锻炼身体，对消费者需求的满足属于同种，因此，可以将这些场馆产品化为同一条场馆产品线——体育场馆产品线。此外，许多大型综合性体育场馆还提供大型活动承办、全民健身、冠名权开发、体育健身培训的服务，各馆可根据自身情况将这些产品化为不同的产品线，如大型活动产品线、全民健身活动产品线、体育健身培训产品线。

（二）产品项目和产品组合

产品项目是指同一类产品线中每一个具体的品种。以深圳湾体育中心为例，它所提供的商贸服务产品线中就有会议、会展、特色餐饮、零售、保健、培训等商贸服务产品项目。

体育产品组合是指企业生产经营的全部产品线、产品项目的组合方式，即产品组合的长度、宽度、深度和关联度。

1. 产品组合的长度

产品组合的长度是指企业生产经营的产品项目总数除以产品线数目得到的产品线的平均长度。体育场馆提供的产品组合长度与体育场馆场地规模、设施类型及档次、服务管理人员专业技能等密切相关。场地面积大、场地种类丰富、设施先进完善、人员素质高的场馆，能提供相对较长的产品组合的长度。如以深圳湾体育中心提供的休闲健身产品为例，中心利用"一场两馆"及其室外的空间，可建篮球场、小型足球场、乒乓球台等，供群众平时健身娱乐使用，也可以作为开展三人篮球赛、五人足球赛等群众性体育比赛的场地；体育广场则为老年人提供了晨练场地，青少年也可以在此开展轮滑活动；针对区内部分较高消费能力的人群开设网球俱乐部，利用"一场两馆"的室内空间，开设高级的健身会所。

2. 产品组合的宽度

产品组合的宽度是指企业生产经营的产品线的数目。体育场馆自身条件决定了产品组合的宽度。项目丰富的体育场馆不但能提供更长的产品组合长度，而且也能提供更多的场馆产品线，使产品组合宽度更大。经营管理团队素质高的体育场馆不但能提供一般健身服务，还可以提供物业租赁服务、赛事策划咨询服务、体育健身娱乐服务等类型广泛的产品和服务。如深圳湾体育中心，场馆产品不仅有以体育场、体育馆、游泳馆为载体的体育比赛、运动训练、全民健身等项目，还有会展博览、商贸购物、文艺汇演、休闲娱乐、旅游观光等项目，是一个国际化综合性大型体育中心。

3. 产品组合的深度

产品组合的深度是指企业各产品项目内不同规格、型号、花色、价格的产品品种。体育场馆能够提供的产品层次越多，该体育场馆产品组合就越深。如深圳游泳跳水馆能够提供的水上健身运动就有游泳、跳水、花样游泳、水球等产品，每一项具体的水上项目训练（教学）课或赛事就是一个单独的水上健身运动产品。

4. 产品组合的关联度

产品组合的关联度是指企业各条产品线在最终用途、生产条件、分销渠道或其他方面相互关联的程度。一般而言，体育场馆各个类型的产品线只具有共同的生产资料——体育场馆场地，而在其他方面，因为其用途大同小异、生产条件趋同，仅分销渠道存在差异，各体育场馆产品组合的关联度会略高。

体育场馆产品涉及大型活动承办、物业管理、全民健身、冠名权开发、体育健身培训服务等多个方面。总体而言，体育场馆提供的各种产品组合的关联度较高，如体育场馆的大型活动产品线能够带动全民健身线的开展，同时也直接影响着冠名权开发；具体某个类别的产品，如体育健身培训服务产品方面，健身操产品组合的长度、宽度、深度与健身项目类型，时间长短和配套服务（培训、私教、定制服务）相关度较高，彼此之间相得益彰。

第三节 体育场馆定价策略

随着人们对身体健康认识的提高和重视，市场经济形态逐步取代原有计划经济下的体育管理形式，体育产业演化发展为多层次、多维度、多种类的组合商品。从体育健身和培训到各类活动赛事的承办，到体育赞助、体育经济中介市场的繁荣，各个环节无不渗透着体育场馆产品的商品交易行为。其中，所有市场交易都遵守普遍的价格制订依据。

一、价格策略依据

（一）消费者的收入水平

消费者收入水平决定着体育场馆市场产品的需求以及需求层次。在体育消费群体中，高收入者就可以进入相对高档的体育场馆设施以及选择收费较高的场馆产品项目进行消费，而低收入者则可以选择收费较低的场馆产品项目进行消费。为此，体育场馆产品的定价首先要考虑到该区域体育人口收入及消费情况，根据不同收入的消费群体灵活开发相应的场馆产品，尽可能使不同收入水平的群体都能够选择到适合自己的场馆产品，力求达到经济效益和社会效益的双赢。

（二）场馆相关产品的成本因素

任何企业的经营首先考虑的就是成本，体育场馆经营的成本为体育场馆产品的定价设置了下限。体育场馆的成本包括场馆管理人员的劳务费用，场馆运营需要的水、电、气，场馆体育设施的折旧等，这些都成为制约场馆产品定价的因素。以深圳大学生运动会场馆为例，能耗和人工是场馆运行的最大成本。该校的大学生运动中心年整体维护费用为6000万元。其中体育馆如果灯光全开，每天开8个小时，电费要2万元。此外，体验场馆正式对外运营之前设施的建造也是巨额数字。

（三）场馆所在地的体育文化氛围

对体育场馆所在地体育文化氛围的了解和把握是制订场馆产品价格的关键依据之一。体育消费属于高层次消费，受当地居民体育文化氛围影响较大。体育文化氛围对体育消费者的消费心理（如对体育消费的定位、认识、认同感等因素）起着导向作用，在一定程度上决定了体育消费者的消费行为。因此，体育场馆产品定价除受到场馆产品本身因素的影响以外，还受到了决定消费者消费心理的地域文化氛围的影响。在北京、上海、广州、深圳等一线城市，居民收入水平普遍比较高，较为重视文化休闲消费，对体育消费的认同度也就较高。相对而言，同档次的体育场馆产品可以制订偏高的价格；而在二线、三线以及其他城市，体育场馆产品即使标价很低，也往往会因为消费能力不足，对文化消费，特别是对体育消费的重视程度不高，而造成有价无市的局面。

（四）产品生命周期

价格策略应随着产品生命周期的不同阶段（投入期、成长期、成熟期和衰退期）而有所变化。体育场馆产品由于场地设施的折旧与赛事品牌的经营等都涉及产品生命周期的问题。在实际产品定价中，要考虑到产品所属生命周期阶段，科学有效利用好场馆资源，合理制订价格，使场馆效益最大化。

（五）场馆的自身特点和条件

体育场馆所在的地理位置、地段以及设施条件、产权归属都决定了体育场馆产品的定价范围。大城市的市中心、人口密集区、重要商业地段，体育场馆产品定价高；而中小城市，远离市中心的偏远地段，所处地段交通不方便，为体育场馆产品的定价带来不利影响。体育场馆设施高档先进，例如，座位宽松舒适、特许产品的质量好、体育馆的外观气派等定价就高；反之则定价就较低。政府运营的福利型体育场馆，定价合理，符合一般工薪阶层消费的心理预期，应体现出良好的社会效应；而社会资本运营的商业性体育场馆，产品定价完全由市场供求关系决定，有可能制订较高的价格。

二、体育场馆定价的目标

体育场馆定价的目标就是指体育场馆经营者通过制订一定水平的价格所要达到的预期目的，一般可以分为利润目标、销售额目标、市场占有率目标。

（一）利润目标

利润目标是体育场馆经营者经营和管理体育场馆的必要条件，是体育场馆经营的直接动力和最终目的。

根据体育场馆的性质及经营者的营销哲学和观念的不同，体育场馆产品的利润目标又可分为以追求最大利益为目标和以获取适当利润为目标。所有的商业性体育场馆产品的定价都是按照以追求最大利益为目标进行的，尤其是体育健身娱乐业。最大利润目标并不是要把价格定得最高，价格太高，会导致销售量的下降，利润总额会因此而减少，它所追求的是长期的、全部场馆产品的综合最大利润。而一些公益性质的体育场馆大都采用以获取适当利润为目标，因为公益性体育场馆还要考虑一定的社会效益和社会形象，并非完全以盈利为目标，采用以适度利润为目标，主要是为了适当地增加一些利润为补偿社会公益服务成本，以便使场馆能够正常有序地运营下去。

（二）销售额目标

这种定价目标是在保证一定利润水平的前提下，使场馆产品销售额达到最大化。一种产品的销售额由该产品的销售量和价格共同决定，因此，销售额的最大化既不等于销售量最大，也不等于价格最高。这就要求经营者有敏锐的市场洞察力，在不同阶段科学合理地运用好销售量和制订价格的动态关系，成功地使销售额得到最大化。对于一般性的社区体育健身场所、大众体育活动场所，降价能在一定程度上刺激消费，提高产品的销售。反之，对于需求价格弹性较小的产品，降价会导致收入的减少，如对于高档健身娱乐场所的网球俱乐部和高尔夫球场的经营，降价就可能导致总收入的减少。

（三）市场占有率

体育场馆产品占有率是指场馆产品的销售额占整个同类场馆产品销售额的百分比，或者是指某场馆产品在市场上的销售量占同类产品在该市场销售量的比重。场馆产品市场占有率是体育场馆经营状况和场馆产品竞争力的直接反映。作为定价目标，市场占有率与利润的相关性很强。从长期来看，较高的市场占有率必然带来较高的利润。保持场馆产品市场占有率的定价目标要根据竞争对手的价格水平不断调整价格，以保证足够的竞争优势，防止竞争对手占有自己的市场份额。扩大市场占有率的定价目标就是从竞争对手那里夺取市场份额。如体育场馆产品中的健身、娱乐、培训类产品的定价目标就是以市场占有率目标作为阶段性目标进行的，最终实现利润最大化目标。

三、场馆产品定价策略

（一）新产品定价策略

1. 渗透定价

渗透定价就是将新开发的体育场馆产品以低于竞争者同类产品的价格引进市场。如果消费者对同类场馆产品价格比较敏感，低价就会吸引消费者对新产品或服务进行尝试消费，在保证产品服务质量的基础上就会逐步赢得一定的市场份额。

2. 撇脂定价

撇脂定价指的就是撇取市场中的"奶油"，是一种与渗透定价完全相反的定价策略。它是指体育场馆经营者一开始就将场馆产品确定为高价格或比竞争者高的价格，即瞄准目标市场那些对价格不太敏感的高收入阶层中的消费群体。为了成功地运用撇脂定价策略，经营者必须确保是一流的产品质量和服务，并且分销渠道更加具有选择性，促销策略应重点强化其产品的稀缺性、品位性、高档性或时尚性等概念。如上海网球大师杯，汇集了来自世界网球的精英，吸引了全球的网球爱好者目光，一些全球有影响的政治家、企业家都前来观看，就应当将最好的席位以最高的价钱卖给他们。

（二）心理定价策略

根据消费者对场馆产品或服务的心理感受来确定场馆产品的价格就是心理定价策略。在市场营销中常用的心理定价策略主要有声望定价、整数定价、尾数定价、习惯定价和比较定价。

1. 声望定价

声望定价是根据产品在消费者心中的声望、信任度和社会地位确定产品价格的一种定价策略。声望定价可以满足某些消费者的特殊要求，如地位、身份、财富和形象等。在上海站梅赛德斯奔驰文化中心举行的2015年NBA国际系列赛中国站夏洛特黄蜂和洛杉矶快船的比赛，其门票价格分别是350、600、800、1200（看台）、1200（公共包厢）、2188（包厢）、2200、

3200、8000（场边席）、10000（场边席）、16888元，最高16888元是最低350元的48倍多，这就是典型的声望定价。之所以差别这么大，就是因为高价格门票的座位离比赛区域最近，不仅可以很好地观看比赛，而且还可以近距离一睹诸多国际球星的真容，极大地满足了消费者的心理欲望。

2. 整数定价

整数定价是指场馆经营者把原本应该定价为零数的场馆产品价格改定为高于这个零数价格的整数，一般以"0"作为尾数。这种舍零凑整的策略实质上是利用了消费者按质论价的心理、自尊心理与炫耀心理。对于一些高档体育健身俱乐部、体育休闲场所、高尔夫球贵宾卡的销售等都应采用整数定价策略。

3. 尾数定价

尾数定价又称奇数定价，与整数定价相反，即按尾数而非整数定价。它是利用消费者的求廉心理，制订非整数价格。消费者会因为尾数（9.99元）与整数（10元）的区别而在购买行为上发生改变。消费者认为尾数定价的产品比整数定价的产品价值更大，哪怕只是0.01元的差别。对于场馆中售卖的一些体育消费品，如乒乓球、网球、羽毛球、护腕、护膝、体育饮料等就应采用尾数定价。

4. 习惯定价

习惯定价就是依据消费者心理对某项体育场馆产品可接受的一贯价格来定价。如在体育赛事的门票售卖中，都是将离赛场较远距离的座位票价定得最低。

5. 比较定价

比较定价是指体育场馆经营者所制订的产品价格是建立在同类产品或服务价格比较基础之上的。也就是说在营销时，要经常推出一些他们经过精心评估的同类产品的相关价格与现行产品进行对比，并罗列出现行产品的比较优势，让消费者清楚该产品价格是价有所值。如同是一场足球赛，有著名球星和没有球星其门票价格肯定不一样。

（三）差别定价策略

差别定价也称为歧视性定价。根据地理、消费者、服务产品和时间等因素的差异，对不同消费者群体制订不同的价格。例如，北京高尔夫球俱乐部受季节的限制，导致在经营过程中会出现一段停业时间，因此在停业期间会员卡的价格会比旺季略低一些；另外，羽毛球馆、保龄球馆也可以根据不同的时间段实行时间差别定价；还有现在较为普遍采用的会员卡制也是差别定价的一种模式。会员卡包括年卡、季卡、月卡和次卡。部分俱乐部为吸引学生和低收入群体等，推出了优惠的学生年卡、季卡，并为特殊消费者提供了家庭卡、情人卡以及节假日的打折卡等。

（四）折扣定价策略

体育场馆为了鼓励顾客提前消费或多次消费，会对基本价格进行修订，实行折扣定价策略，以适应消费者的偏好和需求变动。这种策略主要包括以下定价方法：

（1）现金折扣定价：对支付现金的客户给予一定的折扣。

（2）功能折扣定价：对不同业务性质的客户给予不同程度的折扣，如门票销售中，不同性质的票务经纪机构获得的价格折扣不同。

（3）季节折扣定价：对于随季节呈现周期波动的产品，在销售淡季给予更高的折扣。

（五）场馆产品组合定价策略

利润目标是定价的目标之一。体育场馆经营者对场馆产品定价策略的选择必须以发掘整个场馆产品或场馆产品线的最大利润为目的，而不是仅仅追求单个产品的价格。场馆产品组合定价通常是指利用产品间具有的替代性或互补性等相互关系制订相应的价格策略，以达成营销目标，通常该组产品具有一定替代性或互补性。其中包括以下定价方法：

（1）产品线定价：对产品大类进行定价，首先确定某种产品为最低价格，充当产品大类中的价格领袖吸引消费者；其次确定最高价格的产品，充当质量和品牌的代言，并收回投资，其他产品也应相应制订价格。例如，同一体育场馆在为不同级别的赛事提供比赛场地时，由于客户的需求不同，体育场馆可在提供产品的软件、配套设施以及服务内容等方面采用不同的定价，从而最大限度地实现体育场馆利益的最大化。

（2）互补品的定价：互补品是指在使用过程中具有互补关系的产品。互补产品的定价是指将消费者喜欢的产品定位，主产品定低价，给附属产品定高价，以便达到整体效益最大化。例如，羽毛球场馆为场地使用费定价较低，而馆内羽毛球、球拍穿线等产品和服务的价格则定高价。

（3）产品束定价：产品束是指一组产品的组合。产品束定价也称为捆绑定价，是将不同的场馆产品和服务打包组合在一起，制订一个价格，利用消费者求廉心理增加滞销品的销售。如在场馆体育健身培训产品中，消费者所交的培训费往往就包含了与该培训项目相关的运动服、运动鞋等系列产品，既方便了消费者又增加了场馆产品的销售。一些体育系列赛事也常用套票的方式进行销售。最典型的捆绑销售就是高尔夫球休闲度假，将非会员场地租借费、早餐、住宿、差旅费等内容包含在一起，制订一个比分开单个消费费用相加要低的价格。这对潜在的消费者来说，非常具有吸引力，因为各项产品和服务组合在一起的价格比它们单一出售的价格之和要低，消费者从组合产品中得到的便利也更多。

体育场馆渠道策略

一、体育场馆分销渠道概念

体育场馆分销渠道是指场馆产品能够被消费者消费所经过的组织或个人，一般包括中间商、代理商，以及处于渠道起点和终点的生产者和消费者。

在体育产业发达的西方国家，成熟发达的体育中介机构使体育场馆分销渠道多元而完备。在美国，体育中介机构对体育场馆冠名权的开发方案非常完善，其中包含了赞助商通过赞助行为所能得到的经济效益和社会效益的详细分析和说明，可以使冠名赞助商觉得自己通过体育场馆的冠名赞助真的能够有所得，而不仅是把名字放在了体育馆之上。例如，美国的AEG公司代理了丰田体育中心、史泰博体育中心、家得宝体育中心等许多知名体育场馆的冠名权交易，包括从市场调查到最终交易，使得这些体育场馆成功冠名并获得可观收入。可见，中介机构的专业化操作为美国大型体育场馆冠名权开发的发展提供了有力的渠道保证。

二、影响分销渠道选择的因素

良好有效的分销渠道不但可以实现企业的销售目标和管理目标，而且可以最大化地发挥网络成员的作用，减少分销渠道的风险，使企业市场占有率提高。因此在设计分销渠道时必须考虑以下主要制约因素。

（一）场馆产品因素

场馆产品单价高，可采用短渠道或直接渠道；反之，则采用间接促销渠道。单位价值越小越需要密集分布点，需要更多的网络成员来经营；单位价值越大，要求分销渠道路径就越短，避免过多的中间商盘剥利润，可以采用转卖或代理的形式来建立分销渠道。社会化程度高的产品，人们购买频率相对就高，应该密集分布，方便消费者的购买；社会化程度不高的产品，可以选择重点城市建网，对于专用产品，技术含量和服务要求就比较高，应该采取定制的策略，实行一对一服务；通用产品，借助经销商的力量来推广，效果会更好。对于季节性强的产品，应该选择短渠道、快渠道，达到快速布点的目的。

在实践中，美国、欧洲甚至我国的台湾地区在赛事产业营销中都充分考虑到渠道问题，像体育比赛门票销售甚至进入社区便利店。如台湾地区就有711便利店销售棒球票务的方式。美国体育产业界的学术研究多年来也将研究重点放在了产品营销网站的受众分析上。而1984年的奥运会门票销售，更是将渠道策略的灵活性发挥到了极致。

（二）市场因素

市场成熟程度对选择分销渠道有着直接的影响。如顾客的消费水平、消费习惯、消费需求及其变化，体育场馆所在地的交通状况，该地区的发展变化等，都是在设计分销渠道决策时必须把握的基本情况。只有准确把握住市场动态才能使体育场馆分销渠道决策适应环境的变化，充分体现市场的要求，不断满足顾客的需要，使体育场馆一直保持吸引力而长久立于不败之地。

根据产品市场生命周期的不同阶段（市场导入期、市场成长期、市场成熟期和市场衰退期），所采用的渠道策略也应有所不同。

1. 市场导入期

"导入"也可称为"介绍""引入"阶段，是体育场馆承担风险最大的时期，许多新产品经营失度，大多在这个阶段反映出来。其特点是消费者对该产品不甚了解，销售量增加缓慢，市场上同类产品竞争少。一般而言，导入期为了保证一定的销售速度，以维持销量，需要依靠中间商打开市场。

2. 市场成长期

成长阶段的主要特点是消费者对该新产品已相当熟悉，销售量迅速增加，体育场馆利润增长很快，竞争者也随之增加。由于竞争加剧，市场开始细分，销售网点也在增加。根据这些特点，成长阶段为了保证质量，尽可能地维持增长的势头，应建立自己的网络，加强终端建设，如积极地寻找市场或开辟新的细分市场，及时地渗透其中，并开发新的营销渠道，使产品的销售面更加广泛。

3. 市场成熟期

当一个产品的销售成长率达到某一点后将放慢步伐，标志着该产品投放市场已进入成熟阶段。其特点是销售量虽仍有一些增长，但市场已趋饱和程度，销售量已逐步呈下降趋势；竞争十分剧烈，竞争者之间的产品价格也趋向一致；类似产品增多，市场不断出现某种品牌的同类产品和仿制品；体育场馆利润开始下降。成熟阶段为了保证销量，应最大限度地挖掘市场和渠道网络的潜力，用心寻找新的细分市场，以扩大销售对象，使产品进入尚未试用过本产品的市场。

4. 市场衰退期

当产品销量由缓慢下降变为急剧下降，利润大幅度下降，甚至出现负效应，消费者已在期待新产品的出现，更多的竞争者退出市场时，表明该产品已经进入衰退阶段。此阶段应把人力、物力、财力集中到现有的最有利的细分市场和销售渠道上去，从尚有利的市场和销售渠道中获取利润，并为新一轮产品导入作准备。

（三）竞争对手因素

竞争因素是指与本体育场馆平行存在或可以相互替代的各种产品的影响因素。例如，同样的羽毛球馆之间对客源的竞争，篮球比赛现场观众与电视观众的替代，文化娱乐消费和体育消费的替代等。竞争因素的分析，旨在了解主要竞争对手的实力和特长，发现潜在的竞争对手，了解对企业的威胁。内容包括竞争者的基本情况、竞争能力、发展方向等。基本情况主要是指本地区经营同类产品的体育场馆的数量、分布、所属关系、经营规模、经营效益及市场占有率等。竞争者的能力分析包括竞争对手的规模、资金拥有量及来源、竞争对手的产品项目构成、市场占有率、销售增长率、服务方式、销售网点等。竞争者的发展动向分析，主要了解竞争者的竞争能力变化趋势，可能开拓的新市场和新项目，可能采取的市场营销渠道策略，新产品开发的方向、进程以及投入市场后可能产生的影响及竞争趋势等。在设计分销渠道时，如果不以击败竞争对手或谋求双赢为目标，就应当在不同空间取得各自的市场份额，或者运用避实就虚的分销渠道设计，避开竞争对手的锋芒，寻找市场空白点，完成分销部署。

（四）体育场馆自身因素

如果场馆资金雄厚（包括体育场馆所拥有的资金、资产负债状况、固定资产和流动资金状况、体育场馆的信贷能力和筹资能力等）以及维持场馆产品开发的装备优良（主要包括现有体育器材装备的数量、技术性能、技术先进程度、磨损程度等），能够预付场馆产品的长期战略，分销渠道的设计可以作全面部署，谋求长期的分销渠道效应；如果资源缺乏，分销渠道的设计就必须抓住突破点，建立区域性分销渠道。

（五）中间商因素

各类中间商实力、特点不同，诸如广告、运输、储存、信用、训练人员等方面具有不同的特点，从而影响场馆经营者对分销渠道的选择。按中间商的数目多少和场馆产品的不同情况，可选择密集分销、选择分销、独家分销。

▍▍ 三、体育场馆产品分销渠道的选择

（一）直接渠道

直接销售系统的特点是没有中间环节，这种销售形式是一种传统的销售形式。其优点是结

构简单，产销见面，便于交流信息。体育场馆经营者能收集到消费者反馈的第一手资料，便于促进服务。直接销售渠道的明显缺点是不能适应社会化大生产。任何体育场馆不可能在全世界各个目标市场设置销售点，因而无法有效地组织大批量消费者，不过，就体育场馆经营而言，散客依然是主要的消费者，对于观赏类场馆产品如体育赛事、文艺演出以及文化活动等的观看，以及参与类场馆产品如体育健身、休闲、娱乐、体育培训等产品，因不可能由其他人来代替完成，都是直接渠道，直接渠道是场馆产品销售的主要渠道。

（二）间接渠道

这种销售渠道是体育场馆通过中间商，将产品销售给消费者的销售渠道。间接销售渠道因中间环节的不同又分为以下几种：

1. 一阶销售渠道

场馆经营者通过经销商将产品组合包价后出售，称为一阶销售渠道。也有生产者通过零售商将产品出售的情况。在体育场馆经营中，这种一阶销售渠道经常被采用。

一阶销售渠道克服了零阶渠道的一些缺点。由于体育产品是组合产品，通过经销商的组合再出售，有利于体育产品的流通和扩展产品的功能，能够为人们提供更大的便利。这样可以为体育场馆节省销售费用。

2. 二阶销售渠道

有两个以上间接环节的销售渠道称为二阶销售渠道。体育场馆的服务产品通过经销商再通过批发商或零售商出售，由于批发商插手其中，大大地扩大了流通范围和规模。这种销售渠道在体育场馆的营销中也常应用。

此外，还有三阶以上的多阶分销渠道，但在场馆产品的销售中应用极少，这里就不作介绍。

许多大型体育场馆虽然具备直接营销的财力和能力，但是由于体育场馆从事专业化的营销工作，很难保证能够实现最广的客户接触面。因此，容易错失营销的机会，在这一方面专门从事体育营销的中介机构有较广的客户范围，能够发挥自己的优势，促使体育场馆与潜在客户达成交易。高效的分销渠道是企业快速发展的通道。体育场馆的中间商有票务代理机构、会员卡代销机构、票务与会员卡的零售店铺、活动招商代理机构、广告代理公司等。大型体育场馆在门票营销中发挥了票务中间商的作用，但在会员卡、广告位销售、活动招商、无形资产的销售中，渠道的作用不太明显。

（三）"互联网＋体育场馆"的分销渠道

在目前"互联网+时代"迅猛发展的大环境下，不能仅仅局限于传统的市场营销手段与策略，场馆产品的分销渠道必须与时俱进，积极利用好互联网平台，跟上时代发展的步伐。如除了最为普遍的利用网络平台进行票务代理销售某些场馆产品的门票外，场馆经营者可以通过APP开发O2O模式下的间接渠道销售。O2O是目前微信二维码营销概念，即Online To Offline，也即将线下商务的机会与互联网结合在了一起，让互联网成为线下交易的前台。这样线下服务就可以用线上来揽客，消费者可以用线上来筛选服务，成交可以在线上结算，很快达到规模。该模式最重要的特点是推广效果可查，每笔交易可跟踪。O2O的优势在于把网上和网下的优势完美结合。通过网购导购机，把互联网与地面店完美对接，实现互联网落地。让消费者在享受线上优惠价格的同时，又可享受线下贴身的服务。同时，O2O模式还可实现不同商家的联盟。O2O营销模式的核心是在线预付，在线支付不仅是支付本身的完成，是某次消费得以最终形成的唯一标志，更是消费数据唯一可靠的考核标准。其是对提供Online服务的互联网专业公司而言，只有用户在线上完成支付，自身才可能从中获得效益。如场馆常设的参与体验类产品（健身房、教练、瑜伽等体育健身和培训等产品），就可以通过O2O模式进行销售，即志趣相投的消费者通过网上预支付，选择某一场馆产品，进行线下消费（即到体育场馆进行运动体验），从而达到一定的规模效应。"互联网+体育场馆"为体育场馆的营销模式带来更多的想象和创新空间。

第五节　体育场馆促销策略

现代市场营销不仅要求企业提供满足消费者需要的产品，制订有吸引力的价格，使产品易于为目标顾客所接受，而且要求企业塑造并控制其在公众中的形象，设计并传播产品及产品给目标顾客带来的利益等各方面的信息，即进行促销活动。促销在体育场馆产品营销中有着举足轻重的作用。

一、体育场馆促销的含义

体育场馆促销是指在体育市场中，营销人员通过各种渠道有针对性地向目标顾客传递场馆产品或服务的信息，帮助引导目标顾客认识产品或服务所带来的利益，激发他们的欲望和兴趣，唤起需求，以实现消费行为并以提高声誉为目的的市场营销活动。这一概念包括三层含义。

（一）加速场馆产品消费者的消费行动

体育场馆经营者的促销目的是力求通过自己各种具有针对性的促销手段，来吸引体育消费者对体育场馆产品的注意和兴趣，激发体育消费者的消费欲望，加速体育消费者的消费行动。

（二）增强信息的沟通和传递

体育场馆经营者通过信息的沟通和传递，将体育场馆产品或劳务的存在性能和特征等信息传递给场馆产品消费者，以便与他们保持良好的联系，保证体育场馆产品营销活动的顺利进行。并且，通过信息沟通和反馈，体育场馆经营者还能及时了解场馆产品消费者的需求和意见，及时调整场馆产品结构，改变场馆产品经营方向与策略。

（三）促销的方式分为人员促销和非人员促销

人员促销即人员推销，是体育场馆经营者派出推销人员与体育消费者进行面对面的商谈，说服体育消费者进行消费。例如，体育广告上门游说、比赛门票上门推销。

非人员促销是指体育场馆经营者通过一定的媒介传送体育场馆产品或服务的信函（如招商广告、产品广告等），促使体育消费者产生消费动机和消费行为的一系列活动，包括营业推广、营销广告和公共关系等。

一般来说，人员推销针对性较强，但影响面较窄，而非人员促销影响面较宽，针对性较差。在进行场馆产品促销时，通常要将两者有机地结合运用，方能发挥其理想的促销作用。

二、体育场馆促销的作用

（一）诱导体育消费需求，扩大场馆产品销售

消费者的消费行为通常具有可诱导性，体育场馆产品促销的落脚点是诱导消费者对场馆产品的需求，唤起消费者对体育场馆及其产品的好感。当一种体育场馆产品市场行情处于低迷时，往往可通过场馆产品促销策略去改变需求，进而创造出新的需求，延缓体育场馆产品的市场生命周期。

（二）传递产品信息，沟通消费渠道

场馆产品促销的实质就是通过对场馆产品信息传递，一方面，将体育场馆产品的性能与作用以及可以提供的服务、优惠等信息传递给体育消费者，引起他们的注意，调动其消费欲望；另一方面，及时了解消费者对体育场馆产品的看法和意见，迅速解决营销中出现的问题，从而加强和体育消费者之间的关系。

（三）提高体育场馆声誉，巩固场馆产品市场

体育场馆的形象和声誉是一种无形资产，直接影响体育消费者对场馆产品的消费需求，体育场馆声誉不佳，会使场馆产品消费需求滑坡，导致其产品市场地位的不稳定。通过促销可以提高体育场馆的声誉，美化体育场馆经营者的形象，从而稳定其产品的市场占有率，巩固其体育场馆产品的体育市场地位。

（四）突出场馆产品特点，强化场馆产品优势

体育产品竞争是现代体育经营单位争夺体育消费者的焦点。当竞争激烈时，体育场馆经营者可通过促销，突出体育场馆产品的特点，宣传其体育场馆产品与竞争者产品的差异，强调本场馆产品的独特优势，促使体育消费者偏爱本场馆的产品，从而在竞争中占取市场主动。

三、体育场馆产品促销策略

（一）人员推销

这种方式是体育场馆派出推销人员或委派专职推销机构向目标市场的人们介绍和销售体育产品的促销活动。人员推销与其他促销手段相比具有不可替代的作用，是一种重要的促销方式。很多体育场馆都采用这种促销方式，特别是每到重大节假日之前，便派出销售人员到重点客户单位或家庭登门推销。

1. 人员推销的优点

（1）能面对面地商谈业务。这种推销也是一种沟通过程，能够当面向客户提供信息，能听到客户的反映，便于了解竞争情况和市场动态。

（2）有利于销售人员与客户建立良好的人际关系。

（3）针对性强。推销人员可选择一些可能对本体育场馆产品存在消费需求的客户进行推销访问，成功的概率高。

（4）成本效率高。这是指场馆投入的成本费用转换成销售额的转换率高。

2. 人员推销的缺点

（1）市场面窄，声势小。

（2）可能出现因推销人员选择不当而损坏体育场馆声誉的现象。

（二）营业推广

这是采用陈列、展示、表演、优惠销售、奖励购买等方法刺激市场，以使市场产生较快、较强的反应，从而促进销售的一种方式。营业推广的具体方式如下：

（1）优惠券。例如，许诺人们持报纸上刊登的广告或宣传单上的广告等能够享受优惠价格消费。

（2）免费试用。例如，健身房新购买了健身器械，为展示其优良的性能并鼓励消费，允许消费者在特定的时间免费试用。

（3）赠送小礼品。向公众赠送有纪念意义的小礼品，以鼓励其增加消费。

（4）抽奖促销。人们消费后可参加抽奖活动，中奖后可能得到高于所消费价值的奖品。这是各体育场所经常采用的促销方式。

（5）折扣减免。对团体顾客给予折扣优惠。在营业淡季时，票价打折销售。大多数场馆产品在不同的时间段其消费价格也不同。如网球场通常双休日的价格每小时为70元，而周一至周五的价格则减至每小时50元。

（三）广告推销

广告推销是指体育场馆经营者通过支付费用给大众传播媒体，购买时间、空间或版面，用以向目标消费者及公众传达场馆产品和服务的特征以及人们可能得到的利益，激起公众的消费欲望所进行的活动。

广告的作用如下：

（1）树立、维护、改善体育场馆的形象和声望。它能使消费者对体育活动有需求时，可以通过广告的宣传比较，去声誉较好的体育场馆进行体育消费。

（2）宣传场馆产品和服务。场馆产品广告就是向市场介绍产品和服务的用途、特点以及形象和顾客可得到的利益，提示场馆产品消费的方法、营业时间、服务内容和消费地点。

（3）诱导体育消费、刺激体育需求，扩大场馆产品销售量。通过广告引导人们来体验优质的场馆产品和服务，从而达到公众对本体育场馆产品的一种信赖。

（4）指导消费，培养场馆产品消费者。通过广告使消费者相信本体育场馆产品和服务的更多用途，了解产品的常识，指导人们选择产品，并介绍消费者去哪里、怎样去、何时去等。

（5）丰富生活。广告可以制作成精美的艺术品，能增加人们的生活情趣，丰富人们的生活，沟通各方面的信息，提高生活档次。

（四）公共关系

公共关系是体育场馆经营者为了与公众之间增进信任和了解而专门组织进行的各种交往的总称。具体来说，就是体育场馆经营者为了在树立良好的产品信誉、创造良好的社会环境等方面取得公众的信任和支持，采取的一系列措施和行动。公共关系的主要内容有：主动消除社会公众对体育场馆经营的某些不满情绪；使体育场馆职工自觉宣传本场馆产品的优点；积极创造条件通过报纸、杂志、电视等主流媒体进行非广告的新闻宣传；遵纪守法，拥护并执行国家方针政策。

每一种促销策略都有自己的特点优势和不足，在运用时，应考虑具体场馆产品特点以及诸多市场因素而选择不同的促销方式，有时往往需要采用两种或两种以上的促销组合运用才能达到促销的目的。最佳促销组合策略的确定应当根据促销目标，结合场馆实际情况以及体育市场状况等因素，合理选择，有机搭配形成整体的促销组合，从而达到促销效益的最大化。

四、常用的促销技巧

（一）馈赠优惠型促销

馈赠优惠型促销是针对消费者求廉心理而设计的。馈赠优惠的实质就是"加量不加价"，顾客购买一定数量的产品时，可按事先公开的规则，获得体育场馆赠送的同类或其他产品。在这种促销活动中，顾客可以用同样的支出获得较多的价值。其典型的活动方式有价格折扣、赠送折价券、赠送礼品、扩大服务价值。体育场馆可通过采用提高产品与服务价值的办法招徕顾客，并使其成为回头客。

（二）文化娱乐型促销

文化娱乐型促销是针对消费者追求文化品位和精神享受的心理而设计的，其典型的活动方式有节日庆典、生活情趣、专题概念（如夏季清凉文艺晚会）促销等。

（三）展示参观型促销

展示参观型促销是针对消费者求知、好奇的心理而设计的，由于体育场馆产品具有无形胜有形的特点，因此，展示参观类的促销活动能增加体育场馆产品的可信度，减少消费者的购买疑惑。其典型的活动方式有资料展示、现场示范、样品展览、现场参观等。

（四）趣味竞赛型促销

现代消费者都有一种求胜逞强的基本心态，通过自己某一才能的发挥实现某种自我满足。而趣味竞赛型促销是针对消费者好胜好强的心理而设计的。其基本运作模式就是诱导顾客参加与体育场馆某一产品或体育场馆形象有关的竞赛活动，根据顾客的比赛成绩领取相应的精神奖励和物质奖励。对体育场馆而言，采用这样的促销活动，一方面利用奖金或其他优惠吸引消费者对体育场馆的关注；另一方面也很好地迎合了消费者的心理。

（五）幸运抽奖型促销

幸运抽奖型促销是针对消费者侥幸心理而设计的。其典型的活动方式包括自摸型抽奖、消费券组合抽奖、发票抽奖、特定时段抽奖等。抽奖促销活动主要是通过中奖概率来吸引消费者。体育场馆在策划幸运抽奖类活动时，应明确活动的基本宗旨，即抽奖不是针对部分有特殊才华的消费者举行，而是针对所有的消费者举行，应强调机会的均等性，强调奖品的活动不是依靠竞技而是依靠个人的运气，由此引发消费者强烈的侥幸心理。

本章小结 —— 本章首先介绍了体育场馆和体育场馆市场的内涵，然后在其基础上向同学们逐一阐述了体育场馆市场营销的四种策略，即体育场馆产品策略、体育场馆定价策略、体育场馆渠道策略和体育场馆促销策略。每个营销策略都有自己的特点，应灵活掌握和运用。

回顾与练习 —— 1.体育场馆的概念是什么？

2.体育场馆市场的概念是什么？

3.体育场馆产品组合包括哪些？

4.体育场馆定价策略主要有哪些？

5.影响体育场馆渠道策略的因素有哪些？

6.体育场馆促销策略有哪几种？

知识拓展 ——
世界上最大的 20 座体育场

我们将从容纳观众数量的角度，探寻世界上最大的20座体育场。在这个领域，足球这个世界第一大运动还会一领风骚吗？事实上，那些我们耳熟能详的足球场，如温布利球场、诺坎普球场等，依然能够在这份榜单中占据一席之地。那么，究竟还有什么体育场，能够让皇马、拜仁、曼联等豪门的主场们相形见绌呢？让我们走进这个世界最大体育场的排行榜。

20.纪念体育场（85000人）

纪念体育场（Memorial-Stadium）

这座纪念体育场并不是布里斯托尔流浪者队的主场，而是来自"股神"巴菲特的母校——美国内布拉斯加大学。该体育场是布拉斯加收割机队的主场，用以参加NCAA橄榄球赛事。由于球迷们在比赛日都会身着红色的球衣，因此该球场也被昵称为"红色的海洋"。自1962年以来的每个周末，该球场的门票都供不应求，还保持着NCAA（美国全国大学体育协会）最长连续门票卖空场次（344场）的纪录。

19.本-希尔-格里芬体育场（88548人）

本-希尔-格里芬体育场（Ben-Hill-Griffin-Stadium）

本-希尔-格里芬体育场位于美国佛罗里达大学，这座球场也是该大学橄榄球队"佛罗里达短吻鳄"的主场。该球场最初是建立在一大片污水坑的位置，再加上四周崎岖的地形以及美国东南沿海潮湿的气候，这座球场也被昵称为短吻鳄队的"沼泽地"。这样的环境下，佛罗里达的一位学者决定研究一种运动型饮料以防止球员及观众脱水。于是，大名鼎鼎的"佳得乐"就诞生了。

18.温布利球场（90000人）

温布利球场（Wembly）

这是广大球迷十分熟悉的足球场，它经过了一次彻底的重建。2003年，极具象征性的"温布利双塔"被拆除，旧温布利完成了所有的拆除工作。经历了数年的翻新和改造，新温布利球场于2007年正式启用，这也是英国国内最大的体育场。

17.棉花碗体育场（91100人）

在各个方面，美国得克萨斯州以"大"而闻名，体育场当然也不例外。棉花碗体育场并不是一座单一运动用途的体育场，多年来曾承接过NFL（美国橄榄球联盟）、NASL（北美足球联赛）以及MLS（美国足球大联盟）的赛事，甚至还举办过1994年美国世界杯的比赛。

棉花碗体育场（Cotton-Bowl）

16.玫瑰碗体育场（92542人）

玫瑰碗体育场（Rose-Bowl）

位于美国洛杉矶的这座球场有一个浪漫的名字：玫瑰碗。但它之所以被世界铭记，更多的是因为1994年巴乔射失点球后落寞的背影（1999年，中国女足的铿锵玫瑰们也在此惜败世界杯）。玫瑰碗体育场曾举办过5届超级碗赛事（美国橄榄球联盟年度冠军赛比赛），现在是加州大学洛杉矶分校（UCLA）的橄榄球队棕熊队的主场。这里每年都会举办"玫瑰碗赛事"，也是诸多大学运动里规模极大的比赛了。

15.桑福德体育场（92746人）

桑福德体育场（Sanford-Stadium）

1929年以来，桑福德体育场就一直是佐治亚大学斗牛犬队的主场。这座位于亚特兰大的球场也举办了1996年奥运会的足球赛事，见证了当年那支由卡努领衔的尼日利亚队勇夺奥运金牌的传奇故事。

14.洛杉矶纪念体育场（93607人）

洛杉矶纪念体育场

洛杉矶纪念体育场，是位于美国加利福尼亚州洛杉矶大学公园内的一座大型室外体育场，是世界上唯一作为两届奥林匹克运动会（分别是1932年及1984年奥运会）主场馆的体育场。20世纪八九十年代，它曾作为洛杉矶突袭者队的主场，也因此被广大球迷所熟知。突袭者队球迷们所创办的"黑洞"组织，也是NFL历史上极具影响力的球迷组织。1994年，洛杉矶突袭队搬迁到了奥克兰，洛杉矶纪念体育场也进入了长时间的翻新重修阶段，该球场也不再有体育队的长期进驻。

13.足球城体育场（94731人）

足球城体育场（Soccer-City）

足球城体育场是2010年南非世界杯的主球场，它坐落在约翰内斯堡的西南部索韦托区，始建于20世纪80年代，在南非世界杯前又进行了大规模的翻新。1990年，刚刚走出监狱的曼德拉曾在此发表他的第一次演说。南非世界杯的揭幕战、决赛都在这座非洲大陆最大的体育场内举行，它也见证了西班牙击败荷兰队加冕世界冠军的历史一刻。足球城体育场将非洲元素发挥到了极致，但世界杯后的球场使用问题却一直遭受着人们的质疑。

12.阿兹台克球场（95500人）

阿兹台克球场（Estadio-Azteca）

位于墨西哥首都墨西哥城的阿兹台克球场无愧为世界足球史上一座丰碑，它曾举办过两届世界杯的决赛，见证了1970年贝利最后的辉煌，也目睹了16年后马拉多纳击碎德意志战车一统江湖的瞬间。墨西哥人把阿兹台克球场称为"神殿"，而这座神殿对英格兰球迷而言也并不陌生。墨西哥世界杯1/4决赛，正是在这座球场，马拉多纳完成了连过5人的世纪进球，也上演了"上帝之手"的好戏，最终将英格兰人送回了家。

11.诺坎普球场（99786人）

诺坎普球场（Camp-Nou）

如果在全世界的足球场里选出一座最佳代表，诺坎普球场一定是极具竞争力的球场之一。自1957年建成以来，它就一直是西甲豪门巴塞罗那队的主场。这座球场的草坪是在地平线以下的，这也意味着，除非你亲自走进球场内部，否则你就无法真正观察到诺坎普的雄伟壮丽。这座球场有着无与伦比的美丽，然而，有传言却称巴塞罗那打算另建一座新球场。不过，理性看来，重新翻修诺坎普球场的可能性更大一些。

　　10.墨尔本板球场（100024人）

墨尔本板球场（Melbourne-Cricket-Ground）

　　墨尔本板球场在设计上呈一个大圆形，这也保证了看台上的每一个角度都能欣赏到精彩的比赛瞬间。它是世界上最大的板球场，同时也承办澳式橄榄球的赛事。墨尔本板球场始建于1850年，之后又经历了两次重大的翻修。它见证了一个半世纪以来澳大利亚体育的兴衰荣辱，具有其他体育场难以媲美的独特魅力，也被澳大利亚政府划进国家遗产保护名录。

　　9.皇家达利尔-得克萨斯纪念体育场（100119人）

　　可容纳超过10万人的皇家达利尔-得克萨斯纪念体育场是美国得克萨斯大学长角牛队的主场，是美国橄榄球"十二巨头（Big 12）"

中最大的橄榄球场，也是得克萨斯州第二大体育场。尽管最近状态不佳，但长角牛队一直以来都是美国橄榄球市场上最为盈利的球队，估价甚至达到了11.5亿美元。他们的主场自然也不会甘拜下风，在全美的排名也位居前列。

皇家达利尔-得克萨斯纪念体育场（Darrell-K-RoyalTexas-Memorial-Stadium）

8.布莱恩特-丹尼体育场（101821人）

布莱恩特-丹尼体育场（BryantDenny-Stadium）

布莱恩特-丹尼体育场位于美国阿拉巴马大学，是该校橄榄球队阿拉巴马红潮的主场。这座体育场庞大的规模和现场山呼海啸般的气氛，成为了其他球队永远的噩梦。在球队主教练尼克-萨班的执教下，红潮队逐渐成为了美国橄榄球历史上最成功的球队之一。

7.老虎体育场（102321人）

老虎体育场（Tiger-Stadium）

这座位于美国路易斯安那州首府巴吞鲁日的球场，是路易斯安纳州立大学老虎队的主场，也是全美极大的体育场之一。老虎体育场究竟大到什么程度呢？假如它全部坐满的话，这座球场就能成为路易斯安那州人口第五大"城市"。

6.尼兰德体育场（102455人）

位于美国田纳西大学的尼兰德体育场曾经有着更大的容量，但经历了一次翻修之后，体育场的观众席也被缩减到现在的102455个。极有望入选名人堂的橄榄球四分卫佩顿-曼宁就曾在此效力，这座球场也是以校橄榄球队传奇教练罗伯特-尼兰德来命名的。

尼兰德体育场（Neyland-Stadium）

5.凯尔体育场（102512人）

凯尔体育场（Kyle-Field）

以"大"而闻名的美国得克萨斯州，贡献出了本榜单上的第三座球场。这座体育场位于得克萨斯州的大学城，自1904年来一直是得州农工大学橄榄球队的主场。人们亲切地将这座球场的观众称为场上"第12人"。这座位于小镇上的足球场，甚至比该州著名的NFL球队达拉斯牛仔队耗资20亿美元修建的AT&T体育场还要大。

4.俄亥俄体育场（104944人）

俄亥俄体育场（Ohio-Stadium）

俄亥俄体育场是一座位于美国俄亥俄州的首府哥伦布市的大型橄榄球场，隶属于俄亥俄州立大学，为其校队七叶树队的主场。每周六下午，狂热的球迷们都会把俄亥俄体育场挤得水泄不通，观众席人山人海，全场人声鼎沸，气氛宛如排山倒海般的热烈。比赛中，球迷们会自发地呐喊"俄-亥-俄"的助威声，场地两侧的球迷们一边一个字母，交替喊出。比赛结束后，还会集体高唱"俄亥俄之歌"。

3.海狸体育场（107572人）

海狸体育场是美国宾夕法尼亚大学雄狮队的主场，每到比赛日，海狸体育场就会成为费城一道亮丽的风景线。这座球场也被称为全美最恐怖的球场之一，每支做客的球队都会在全场球迷山呼海啸般的呐喊中坐立不安。

海狸体育场（Beaver-Stadium）

2.密歇根体育场（107601人）

密歇根体育场（Michigan-Stadium）

这座球场位于美国密歇根大学，以"大房子"绰号而广为人知，是密歇根狼獾队的主场。在他们传奇教练吉姆-哈勃的执教下，球队成绩一直位居联盟前列，这也使得密歇根体育场的上座率一直火爆，有时候体育场里竟然能涌进11.5万人之多。密歇根体育场是全美最大的体育场，2013年更是创下了全美观众人数的新纪录。在一场密歇根狼獾队与宿敌"圣母大学战斗爱尔兰人"的比赛中，全场观众人数达到了115109人。

1.五一体育场（150000人）

五一体育场（Rungrado 1st of May Stadium）

　　五一体育场位于朝鲜首都平壤市绫罗岛上，竣工于1989年5月1日，凭借其15万人的容量，成为目前世界上最大的体育场馆。五一体育场是能进行足球赛等各种比赛的综合体育文化基地，曾经有许多次重要活动都在这里举行。其中，最广为人知的活动是为了纪念国家领导人和国家独立而举办的世界最大团体表演——参演者10万余人的大型团体操和艺术文艺演出《阿里郎》。这座球场，甚至超过了卡迪夫千年球场两倍的大小。五一体育场也被认为是朝鲜经济鼎盛时期的诸多"世界之最"的代表建筑之一。

第十章
体育旅游市场营销策略

【学习任务】

通过学习，了解体育旅游市场的基本概念和需求状态，掌握体育旅游的产品特征、影响定价因素、营销渠道和促销策略的类型；具备分析体育旅游产品营销策略的能力；初步具有将不同的体育旅游产品进行组合的能力；具备如何为体育旅游产品定价的能力；具备区分体育旅游营销渠道中间商类型和不同体育旅游产品促销策略的能力。

【学习目标】

● 能够解释体育旅游与体育旅游市场的概念。

● 能够掌握体育旅游市场的分类、特点和开发。

● 能够懂得体育旅游的产品及定价策略。

● 能够懂得体育旅游的营销渠道及促销策略。

【学习地图】

体育旅游市场的相关概念→体育旅游市场营销渠道和促销策略

体育旅游市场概述

一、体育旅游与体育旅游市场的概念

旅游是指人们利用闲暇从事外出旅行及游览的总称。旅游市场是社会经济发展到一定程度，旅游活动商品化、社会化的产物。旅游市场是指旅游者在旅游产品交易过程中的各种经济行为和经济关系的总和。

体育旅游是伴随人们物质生活水平提高，离开常规的生活方式和地点，追求健康休闲生活方式的具体体现。体育旅游是体育与旅游交叉融合而产生的新型服务产业。体育旅游是指旅游者在旅游中从事的各种身体娱乐、身体锻炼、体育竞赛、体育康复、体育探险及体育文化交流活动等与旅游地、体育旅游企业及社会之间关系的总和。它是通过体育旅游主体、客体、媒体、体育旅游地的区域社会及其政策体系协调区域的多样利益主体而形成的相互和谐的多元化关系，并使这种和谐关系得到可持续发展的社会综合性现象。

体育旅游市场是指体育旅游产品的现实购买者和潜在购买者，即体育旅游产品的需求市场或体育旅游的客源市场。它是把消费者的旅游观光和体育健身、娱乐等多个层次的休闲需求有机地结合起来，使旅游者在同一时间内享受多重的服务内容。体育旅游市场的主体包括旅行社、旅游景点经营公司以及旅游者；体育旅游市场的客体包括体育旅游的项目及其内容。

二、体育旅游的分类与特点

（一）体育旅游的分类

体育旅游的内容与形式多种多样，可以根据功能、感受、性质、形式、目的不同进行分类，常见以目的不同可分为三类。

1.健身类体育旅游

健身类体育旅游是指旅游者直接参与某项体育活动，以达到健身与旅游的目的。健身类体育旅游项目很多，如水上运动、登山、滑雪、温泉康复游、自行车骑行游、打高尔夫球及一些体育主题公园等，这类参与者较多，且具备重复性。

2. 观赏类体育旅游

观赏类体育旅游是指旅游者前往大型体育比赛现场观赛或民俗体育活动观赏的旅游活动。此类体育旅游多数是有影响力的大型比赛现场和民族体育盛会，如奥运会、世界杯足球赛、NBA篮球赛、网球4大满贯赛、F1方程式赛车比赛、国内的中超足球赛等重大赛事、武术节、风筝节、龙舟赛、那达慕等，此类参与者一般是经济条件比较优越且有特殊兴趣的人群。

3. 探险类体育旅游

探险类体育旅游是指旅游者通过冒险、挑战实现自我、超越自我的一种体育旅游活动。此类体育旅游通常比较刺激且惊心动魄，如蹦极、漂流、攀岩、滑翔伞、野外探险等，此类参与者需要有较强的心理素质和敢于挑战自身运动极限的勇气，目前参与者较少，但具有很大的发展空间。

（二）体育旅游的特点

体育旅游除具有一般旅游的特征外，还具有自身的特点。

1. 健身性与愉悦性

体育旅游是轻松快乐的体育休闲活动，人们在体育旅游过程中，通过身体参与登山、滑雪、漂流等回归自然、扩大视野、增长知识、陶冶身心、增进健康。因此，以身体运动为主要手段的体育旅游就成为人们首选的休闲娱乐方式之一，并同时达到旅游、健身和愉悦身心的目的。

2. 刺激性与独特性

体育旅游与普通的旅游最大的区别就在于体育旅游通常都带有体验成功、尝试惊险刺激等身体和情感体验。如高山滑雪、悬崖蹦极、登山探险、特定环境户外运动、观赛等都具有一定程度的惊险刺激感。也正是其特有的刺激性、未知性等给旅游者带来不寻常的独特感受。

3. 地域性和人文性

体育旅游具有很强的区域性特征，如内蒙古那达慕大会、环青海湖自行车赛、河南武林大会、登泰山、北方冬季滑雪、南方滨海游等，旅游者通过体育旅游可以加深对不同地域的历史、文化、地理、风土人情、民风民俗等的了解，促进体育文化传播的同时也满足了旅游者对当地人文的亲身体验。

4. 大众性与消费性

随着社会经济的快速发展和居民收入的不断提高，大众主动花钱买消费、买健康的意愿愈加强烈。随着旅游市场的发展，体育旅游的内容越来越丰富、层次越来越多样，满足了不同阶层民众的需要，也因此吸引了越来越多的大众主动参与到体育旅游的消费中，体育旅游正逐步成为旅游产业发展的新增长点。

三、发展体育旅游市场的基本要素

发展体育旅游市场必须具备两大要素，即体育旅游资源和体育旅游服务。其中，体育旅游资源是旅游的目的地和旅游者，体育旅游服务是为旅游者旅游提供的一切后勤保障服务。

（一）体育旅游资源

体育旅游资源是指能形成体育旅游的自然的、人文的、旅游者的各种资源的总和。它是体育旅游市场形成的主体，更是体育旅游市场开发的原动力。

1.自然体育旅游资源

自然体育旅游资源是非人工形成的可供体育旅游活动利用的生态资源。如天然的山川、江河、湖海、森林、戈壁、沙漠等，结合体育旅游活动的特点可分为地质地貌类（如登山、探险等）、气象气候类（如滑翔、热气球等）、植物生物类（如森林徒步、野外生存等）、水上水下类（如游泳、潜水等）。

2.人文体育旅游资源

人文体育旅游资源是非天然的，人工开发创建形成的体育旅游资源。如赛事赛场、文明遗址、战争纪念地、民风民俗节、地域特色等，结合体育旅游活动的特点可分为观赏赛事类（如奥运会、世界杯足球赛等大型赛事）、观赏休闲娱乐类（如奥运村、体育古迹、体育博览会等）、观赏竞技类（如赛龙舟、赛马会、汽车拉力赛等）、参与民族盛会类（如彝族火把节、傣族泼水节、汉族风筝节等）、体验休闲健身类（如滑雪、骑马、潜水、海航等）。

3.体育旅游者资源

体育旅游者是直接参与体育活动或观赏体育赛事表演为活动内容的可再生的体育旅游资源。这里的"可再生"专指体育旅游者可多次重复参与。体育旅游者是体育旅游的主体，更是体育旅游市场的客源资源。其区别于一般旅游者的特点是具有体育与旅游的双重性、直接或间接的体育活动参与性、体育兴趣爱好的特定性。体育旅游者可分为四类，按国界分类为国外与国内；按组织形式分类为团体、散客、自助；按居住地分类为短线与长线；按旅游方式分类为参与型与观赏型。

（二）体育旅游服务

体育旅游服务是指为发展体育旅游市场而提供的各种服务的总和。它是体育旅游产业发展的衍生物，更是体育旅游市场可持续发展的外动力。

1.体育旅游设施

体育旅游设施是指为接待体育旅游者建设和提供的各项物资设备的总称。体育旅游设施主要是为体育旅游者参与目的不同而准备的各类装备，是体育旅游的基本服务内容，如登山需要的帐篷、服装、户外用品等，水上运动需要的游艇、浴场、水域等，滑雪需要的滑雪板、缆车、滑雪板等，绿道运动需要的各类自行车、车道、休息站等，观赛需要的观赛席位、观赛地点、安全区域等。

2. 体育旅游环境

体育旅游环境是指在参与体育旅游活动中为旅游者始终感受到舒适环境而提供的各类保护措施的总称。体育旅游环境是体育旅游可持续发展的重要内容，如保护自然环境而建设的各种交通路径（航道或建筑物）、保护空气环境而准备的各种绿色交通工具、保护安全环境而建造的各种防护措施设备、保护卫生环境而采取的各种举措等。

3. 体育旅游服务

体育旅游服务是指为方便体育旅游者生活而提供的服务的总称。体育旅游服务内容丰富，如交通区、休息区、住宿区、餐饮区、购物区、导游以及专业指导服务等。体育旅游服务的方式多样，通常是向旅游者提供服务性的产品和服务性的劳动两类。体育旅游服务做得好做得细就一定能赢得体育旅游者的青睐，也一定能促进体育旅游市场的可持续发展。

第二节　体育旅游产品策略

一、体育旅游产品的概念

在现代市场营销学中，产品概念具有极其宽广的外延和丰富而深刻的内涵。菲利普·科特勒通过5个层次（即核心产品、形成产品、延伸产品、期望产品、潜在产品）来表达整体产品概念。整体产品概念理论强调从整体和系统的角度来看待产品。旅游产品是指旅游者在整个旅游过程中所需要的吃、住、行、游、购、娱等基本需求的总和。

体育旅游产品是指体育旅游企业凭借一定的体育旅游资源和体育旅游设施，向旅行者提供的满足其在体育旅游过程中综合需求的服务。体育旅游产品是一切体育旅游活动的基础，其内容与旅游产品基本相同，唯一的区分就在于始终围绕与体育有关的活动。从体育旅游需求一方来说，体育旅游产品是体育旅游者为了获得物质和精神上的满足，通过花费一定的货币、时间、精力、体力和智力所获得的一次体育旅游经历。体育旅游者在旅游期间所经历和接触的一切感受或体验将直接或间接地反映出体育旅游产品的质量。

二、体育旅游产品的类型

体育旅游产品从性质角度，可将其划分为赛事型、休闲型、竞技型、节庆型、民俗型和刺激型体育旅游产品等类型。

（一）赛事型体育旅游产品

体育观赏型产品也称为活化体育旅游产品，是指组织各项体育赛事的观众前往比赛举办地进行观摩并参加各种节庆活动的旅游产品。Green and Ghalip（1998）的研究发现，该产品体现观赛者相互认同的一种体育亚文化精神，基于对特定的运动项目的共同兴趣，而不是比赛场地本身。

（二）休闲型体育旅游产品

休闲型体育旅游产品是指在体育旅游中能使旅游者既参加体育健身活动，又能获得休闲娱乐的体育旅游产品。体育旅游者通过消费这一产品，能够亲身体验和感受体育旅游活动的经历，满足其体育旅游心理需求。

（三）节庆型体育旅游产品

节庆型体育旅游产品是指在体育旅游项目中包含特定节庆因素的体育旅游产品。节庆因素包括体育节、地方特色的体育盛会、大众体育比赛等具有体育旅游特色的活动或非日常发生的体育旅游特殊事件等。

（四）民俗型体育旅游产品

民俗体育旅游产品是指具有浓厚的民族特色的体育旅游产品。民俗传统体育旅游产品与一般的体育旅游产品相比，呈现出民族性、历史性、地域性、文化性融于一体的特点。它反映出一种独特的体育文化，是长期历史文化发展的结晶，与当地的风俗人情、生活习惯、宗教信仰等密切相关。

（五）刺激型体育旅游产品

刺激型体育旅游产品是指通过体育旅游冒险经历，使旅游者体验惊心动魄的场面，感受到激烈、紧张、惊险和眩晕等独特信息，从而使体育旅游者获得体育旅游消费过程的一种产品形式。

三、体育旅游产品开发的原则

（一）市场需求导向原则

体育旅游产品开发具有典型的市场特征，旅游市场需求是体育旅游产品产生、发展和消亡的直接决定性因素。因此，体育旅游产品的设计与开发，必须与当前体育健身市场和旅游市场需求相适应，以旅游者健身娱乐等需求为中心，以满足体育旅游产品市场竞争的需要和实现体育旅游产品的价值。要特别重视体育旅游市场的调查、细分、定位和论证，掌握体育旅游市场现状与发展变化动向，始终坚持以市场为起点和终点，从而确定体育旅游产品设计与开发的导向和规模。体育旅游产品设计与开发的市场导向确立后，必须深入调查和论证，研究影响当前体育旅游需求的各种因素与指标，进行市场细分和定位，并通过建立科学的理论模型与方法，预测一定时期内的旅游需求量和变化趋势，从而最后确定体育旅游产品开发的进程、深度和规模，以获得最佳经济效益。

（二）综合开发原则

综合开发原则包括两个方面：一是体育旅游产品开发要追求综合效益。体育旅游产品开发要求以市场经济为导向，以社会文化效益为目标，以生态平衡为杠杆开展旅游活动，追求生态、经济、社会三者的综合效益。因此体育旅游产品开发是三者的综合开发；二是体育旅游产品开发要注意与其他旅游产品的搭配开发，通过共生互补取得综合优势。

（三）突出主题，重视特色原则

主题与特色是旅游产品的灵魂，是旅游吸引力的主要源泉和市场竞争的核心。体育旅游产品主题是对体育旅游产品及其相关因素进行组合所形成的内在的、统一的形象或基调。主题的设计与塑造要重视特色，特色要通过主题来体现。自然状态中的体育旅游资源在开发之前往往属于感觉资源的类型，品质较大众化，但经过人为的提炼与内在组合后就会给人耳目一新的体验。如青海湖经过自行车赛事、高原和民族文化的内在组合后，打造出了其自身的特色与主题。因此，体育旅游产品的设计与开发，就是要根据资源特色、市场需求、区位和环境条件的综合分析，经过概括、提炼、组合等环节突出主题和特色，最后通过强化、充实、剪裁、协调、烘托和创新等手段加以实现。西部民族地区地理地貌、历史文化和民俗风情等都是体育旅游产品开发中主题和特色提炼的重点。

（四）系统开发，协调发展原则

该原则也包含两个方面：一方面，由于旅游活动的性质和内在要求，决定了旅游产品具有显著的综合性。因此，完整的体育旅游产品开发必然也包括吃、住、行、游、购、娱等各方面需求的满足，其经营开发过程涉及各个方面，牵涉诸多性质、功能不同的部门和行业。因此，体育旅游产品的设计与开发必须统筹、系统规划，全面协调发展，促进体育旅游要素的合理配置，才能保证体育旅游活动的正常进行，从而获得最佳的经济效益和社会效益。另一方面，是体育旅游业自身很强的产业关联性和依托性。旅游产品开发中体育休闲、山水风光、历史文化等旅游资源是一个整体，因此，体育旅游开发是与整个旅游资源的开发紧密融合在一起的，如果把体育与整个旅游开发背景独立开来，就将大大降低其优势。因此，在我国西部民族地区体育旅游产品开发过程中，必须树立大西部、大旅游、大市场的观念，必须把西部民族地区旅游业开发作为一个整体，把西部民族地区体育旅游产品的开发置身于整个西部大开发中去，才能有效促进其发展。

四、体育旅游产品策略

体育旅游产品策略是体育旅游产品营销的核心部分，要从市场发展、消费需求出发确立体育旅游产品组合和品牌，让消费者易于辨识，刺激消费者的需求。

（一）产品组合策略

产品组合策略是指体育旅游企业提供给市场的体育旅游产品系列化和体育旅游产品项目的组合或优化结构。

1. 综合全面型

综合全面型是指体育旅游企业经营多种体育产品，推出多个不同的市场。如体育旅游公司（或旅行社）经营赛事观赏旅游、登山体育旅游、体育娱乐休闲游等。综合全面型产品组合策略可以满足不同市场需要，有利于占领和扩大市场份额，但经营成本较高，适合于实力较强的企业。

2. 市场专业型

市场专业型是指向某个特定的市场提供其所需的体育旅游产品。如面向青年市场提供探险旅游产品（登山探险、洞穴探险、悬崖跳水、山地自行车、水底探险、攀岩运动、冲浪汽艇等）；面向富裕类体育消费者提供戈壁（或雪地）汽车拉力、高尔夫体育旅游产品。这种策略有利于企业集中力量对目标市场进行开发和推出，但目标市场单一，规模有限。

3. 产品专业型

产品专业型是指体育旅游企业只经营一种类型的体育旅游产品来满足多个目标市场的同一种需求。如体育旅行社面向东南亚市场推广民族体育盛会观赏旅游产品。这种策略便于企业管理，经营成本低，可根据不同时间改变体育旅游产品，满足不同旅游者需要。

4. 特色专业型

特色专业型是指针对不同目标市场的需求提供不同的体育旅游产品。如向汉族民众提供少数民族体育文化旅游产品，向南方提供北方冰雪体育旅游产品等。这种组合策略有利于占领市场，扩大销售，但产品投资大、成本高、风险大。

（二）品牌策略

体育旅游产品品牌策略是指体育旅游企业向旅游者所展示的，用来提示体育旅游者识别体育旅游产品的某个名词、符号、设计或它们的组合。在消费结构、消费观念日趋成熟的今天，品牌已成为吸引旅游者重复购买旅游产品与服务的一个重要的因素。

第三节　体育旅游定价策略

体育旅游定价策略是具体指导体育旅游企业价格竞争的行为准则。体育旅游定价策略是指体育旅游企业为达到总体经营目标，根据体育旅游产品的特点、市场供求及竞争状况、产品变动状况和旅游者行为倾向等所采取的各种定价措施与技巧。体育旅游企业在制订产品价格时必须根据不同的定价目标、市场状况、产品状况、旅游者状况，选择能赢得市场竞争优势的价格策略。常见的定价策略有以下几种：

一、体育旅游新产品定价策略

一种体育旅游产品能否成功、能否得到体育旅游者的青睐，很大程度取决于它作为新产品在进入市场时的表现。体育旅游企业为了能使新产品顺利进入市场，或能够圆满完成营销目标，会为新产品制订合适的定价策略。

（一）渗透定价策略

渗透定价策略是低价策略，是在新产品入市时，以相对低廉的价格，力求在较短的时间内让更多的旅游者接受体育旅游产品，从而获得尽可能大的市场占有率的一种定价策略。采用渗透定价策略需要的条件有：潜在市场规模大；需求弹性大的大众化产品；企业供给能力强；潜在竞争者多等。优点是满足旅游者求廉需求；阻止或减缓竞争者加入，以保持和扩大市场份额；以低价吸引竞争对手的购买者；低价已被市场接受，有利于打开市场。缺点是体育产品市场销路不畅，再无降价空间，销路畅通，也不易提价；同行企业可能跟进，引发价格战，造成市场混乱；已使旅游者形成低价低质的错觉，影响产品和企业的形象；产品定价过低投资回报率低，可能面临亏本经营，有较大投资风险。

（二）撇脂定价策略

撇脂定价策略也称为高价定价策略，是指在新产品入市时，把体育旅游产品的价格定得很高，以便短期内获得丰厚利润的一种定价策略。这种定价策略是利用旅行者求新、求异心理，把产品价格定在高位，如果成功，可以迅速收回投资成本，尽可能在短期内获取丰厚利润。采用撇指定价策略需要的条件有：体育产品新颖、独特；资源具有垄断性；流行时间短、竞争力小等。优点是把握得好，短期可获得超额利润；先定高价为今后调低价格留下空间，因为在供大于求的时代，价格曲线由高向低走，市场较能接受；高价有利于映衬产品高品质形象。缺点是可能因高价导致销量很少，不一定带来厚利；高价可能给旅游者带来企业"黑"的负面印象，损害企业形象；定价过高抑制市场需求，影响市场拓展而失去市场，造成更大的投资损失。

（三）满意定价策略

满意定价策略是介于渗透定价和撇脂定价之间的定价策略，是指在新产品入市时，使自己的体育旅游产品价格尽可能与产品价值保持一致，既不以高价吓走旅游者，也不以低价排斥同行，而采取适中的、令各方面较为满意的价格策略。这种定价策略遵循市场规律，在实际运作中，经营者会结合市场价按照不同时间、空间实行差价机制，如旅游旺季、淡季实行浮动价，淡季优惠，参加天数越多价格越优惠。采取满意定价策略需要的条件是：需求弹性适中；不愿引发价格战；不愿以高价吸引潜在竞争者加入；市场产销较为稳定等。优点是价格已被大多数旅游者接受，容易获得旅游者青睐。缺点是若没有更好的特色或亮点服务，旅游者会选择熟悉的或已有一定市场信誉的企业，从而失去潜在的市场。

二、心理定价策略

体育旅游产品能否满足旅游者需求，往往价格与旅游者的心理感受有很大的关系。心理定价策略是根据体育旅游者消费心理（动机、需要、关注、联想等）进行的一种定价策略。常见的心理定价策略有以下三种。

（一）尾数定价策略

尾数定价策略也称零头定价或缺额定价，即给体育旅游产品定一个零头数结尾的非整数价格。这在体育旅游市场的定价中很常见，大多数旅游者在购买产品时，乐于接受尾数价格，认为这种价格经过精确计算，购买不会吃亏，从而产生信任感，如99元、399元、698元等，也给人一种低一位数的感觉，符合消费者求廉的心理愿望。

（二）整数定价策略

整数定价与尾数定价正好相反，即把体育旅游产品价格定为一个整数的一种策略。企业有意将产品价格定为整数，以显示推出的产品具有一定分量。整数定价一般用于新推出的高档次的体育旅游产品，消费者往往会把价格的高低用来衡量产品品质的标准之一，也容易产生"一分钱一分货"的心理，从而有利于销售。

（三）数字定价策略

数字定价主要是围绕吉祥数字定价的策略。由于民族习惯、地方风俗、文化传统等因素的影响，体育旅游者在出游的过程中常对某些数字产生偏好或忌讳。比如，亚洲人大多数喜欢"8"或"6"，"8"代表"发"，兴旺发达的意思；"6"代表"顺"，顺顺利利的意思；而不喜欢"4"，认为"4"代表"死"，不吉祥的意思；西方人不喜欢"13"，也认为有类似不吉祥的意思。

三、折扣定价策略

折扣定价策略是指体育旅游企业在确定基本价格基础上，给予旅游者一定价格折扣的策略，以此吸引旅游者购买或增加消费。常见的折扣定价策略主要有数量折扣、功能折扣、时间（季节）折扣、现金折扣、促销折扣等。

（一）数量折扣

数量折扣定价策略是体育旅游企业根据旅游者购买旅游产品的数量或金额而给予不同价格折扣的定价策略，以鼓励旅游者增加消费，吸引新的旅游者加入消费队伍。如体育旅游企业推出五人以上集体报名参加旅游的实行小团体价格优惠5%；公司集体旅游人数达到或超过多少人实行团购价优惠10%～15%等。一般来讲，在一定时期内购买旅游产品数量越多或金额越高，给予的折扣也越高。

（二）功能折扣

功能折扣是指体育旅游企业的产品按功能不同给予不同的价格折扣。如经济基础好的希望双飞、住豪华酒店，价格自然较高，而经济基础较次的认为坐火车、住一般酒店也行，目的主要是能体验到体育旅游的核心产品，价格自然低廉些。优点是有利于不同旅游者接受价格。缺点是当销售量低的情况下，同样面临经营成本较高的风险。

（三）季节折扣

季节折扣是指体育旅游企业根据季节不同给予旅游产品一定的折扣。通常淡旺季较为明显，一周以内也有平时价和周末价的区分。为充分发挥供给能力，避免资源闲置而造成的浪费，体育旅游企业往往会区分淡旺季时段，对淡季或较清淡时段进行优惠。通过季节折扣，吸引更多本地游客在淡季时段来消费。优点是刺激旅游者淡季时段购买，有利于"烫平"供求曲线，充分利用好资源，促进供求关系趋于平衡。缺点是体育旅游产品消费非均衡性，淡旺季时段较难把握；打折销售会给人以产品卖不出去的错觉。

（四）促销折扣

促销折扣是指体育旅游企业为了调动促销本企业产品，给予一定的降价或部分服务免费的优惠。促销折扣通常是新产品入市时的打折销售，或以实物形式赠给旅游者留作纪念，促进旅游消费者趁着促销购买旅游。优点是有利于新产品尽快打开销售渠道，被市场接受，吸引更多旅游者购买。缺点是促销时间难以控制，打折促销容易引起旅游者疑惑，或企业提供的实物为旅游者不感兴趣的东西，会被旅游者觉得花钱买累赘的感觉。

四、分档定价策略

分档定价策略也称为差别定价策略，是指把同类体育旅游产品分成几档，每档定一个价格，以符合旅游者需要或心理预期。分档定价很常见，适合不同经济基础的消费群体，如按时间差异分档，同样一份体育旅游产品，白天和晚上价格不同，淡季和旺季价格不同；按旅游者身份不同分档，一般国外旅游者的价格较高，一般学生和老年人的价格定档较低；按位置差异分档，主要出现在体育赛事观赏的位置不同，有贵宾价、一般价等。优点是区别对待，满足不同经济状况的旅游者。缺点是差别价给人一种不公平的感觉，或招来"歧视"等问题。

第四节 体育旅游营销渠道策略

当今的市场是"渠道为王"的市场，渠道是体育旅游企业在营销中最具弹性和张力的环节，它本身就蕴含着巨大的能量，是体育旅游企业能够持续发展的动力和保障。畅通的营销渠道是体育旅游企业获得良好业绩的前提。对于体育旅游企业来说，所提供的产品区别于一般旅游产品不具有的特征，因此，有效的营销渠道非常重要。

（一）体育旅游营销渠道策略的概念

体育旅游营销渠道策略是指体育旅游产品从体育旅游企业向体育旅游者转移的过程中所经过的通道或途径。体育旅游产品营销渠道的起点是产品的生产者，终点是体育旅游消费者，中间环节中的代理商、批发商、零售商及其他中介组织和个人统称为中间商。

（二）体育旅游营销渠道类型

由于受到体育旅游企业、产品、中间商、同行竞争者、旅游者等各种因素影响，体育旅游营销渠道呈现两种类型。

1. 直接营销渠道

直接营销渠道是指体育旅游企业不借助任何中间商，直接把体育旅游产品销售给旅游者。优点是体育旅游企业与旅游者"零距离"接触，使旅游者直接了解产品质量、价格等，减少中间费用，现在电话预订和网络销售已成为营销渠道的新宠。缺点是直接接触很有限（网络销售除外），销售量很少。

2. 间接营销渠道

间接营销渠道是指体育旅游企业借助中间商将旅游产品销售给旅游者。根据中间商环节的多少，通常有三种间接营销渠道。一级渠道：企业—零售商—旅游者；二级渠道：企业—批发商—零售商—旅游者；三级渠道：企业—总代理—批发商—零售商—旅游者。

（三）良好的体育旅游营销策略的主要特征

1. 带给体育旅游者便捷性

便捷性是指方便体育旅游者购买，尽可能节省旅游者的时间和精力。目前，体育旅游市场竞争激烈，新企业、新产品不断涌现，新时尚、新潮流层出不穷，体育旅游者的选择越来越大，渠道竞争已成为体育旅游市场竞争的重要手段之一，谁能给旅游者带来更多的便捷，谁就掌握了渠道竞争的主动权。

2. 要有连续性

营销渠道不宜经常更改，只有保持长期的连续性，才能获得便利和实惠，这对于旅游者、体育旅游企业和中间商都是十分重要的。

3. 省费用高效益

对于体育旅游企业而言，最佳营销渠道就是省费用高效益的渠道。省费用意味着教育成本低。不过渠道费用要省得恰当，有些渠道费用过低，营销能力下降，产品销售不出去，造成企业更大的损失。

4. 各环节衔接紧且辐射能力强

体育旅游企业都不希望营销渠道阻塞或脱节导致销售不畅的状况。因此，最佳营销渠道就是渠道之间环环相扣、衔接紧密，通过默契配合，实现产品从企业向旅游者转移。渠道辐射能力是指营销渠道在体育旅游市场的覆盖范围和渗透能力。辐射能力强就能带来一定数量、稳定的旅游者，同时渗透到对手"领地"，夺走部分市场。

5. 合作意愿良好且配套全面

最佳营销渠道中的各成员既有合理分工又有良好合作。渠道成员与体育旅游企业之间要真诚合作，自觉自愿为共同利益努力，在实现营销产品价值中各取利益。渠道成员应有一定的配套能力，如组合体育旅游产品能力、服务旅游者能力、市场调研能力以及宣传推广能力等。

（四）体育旅游营销渠道策略

1. 营销渠道长度策略

体育旅游企业常常面临营销渠道长短的决策，即是否选择中间商以及选择几个层级中间商的问题，主要是选择直接营销渠道还是间接营销渠道。体育旅游企业应根据内外情况，结合利弊，择优选择长短适宜的营销渠道。

2. 营销渠道宽度策略

营销渠道宽度策略主要解决的是选择每个渠道层级的中间商数量多少的问题。通常有三种渠道策略供选择，即密集型渠道策略、选择型渠道策略和独家经营渠道策略。

密集型渠道策略是指体育旅游企业不受限制地吸收中间商经营其产品。通过数量广泛的体育旅游中间商使体育旅游产品更接近游客，便于旅游者购买。优点是企业可不依赖小数中间商，即使个别中间商经营不佳对企业影响不大。缺点是渠道多而复杂，企业不易控制，易造成渠道混乱。

选择型渠道策略是指体育旅游企业选择一部分中间商作为产品营销渠道。体育旅游企业根据目标市场情况，通过对中间商的调研、筛选，去掉那些效率低、成本高、信誉差、能力弱的中间商，剩下有助于企业发展的中间商，使产品市场控制在一定范围，便于控制渠道费用、降低渠道成本。

独家经营渠道策略是指体育旅游企业在一定时期内只在一个区域选择一个中间商作为企业的营销渠道。这种营销策略比较极端、渠道窄。优点是中间商没有竞争，积极性高。缺点是一旦中间商力所不及、难以胜任，企业风险很大。

体育旅游促销策略

体育旅游销售是体育旅游产品供给与体育旅游市场需求之间最为重要的环节，通过多种途径把开放的体育旅游产品推向市场，实现产品利润的产生。体育旅游产品销售工作要素较多，促销是其重要环节。

一、体育旅游促销

体育旅游促销是指体育旅游企业通过各种营销手段（广告、人员推销、销售促进、公共关系），向体育旅游者传递信息、加强沟通、引发兴趣，促使其了解、信赖，从而影响体育旅游者购买行为和消费，以达到扩大销售的目的的活动。

（一）体育旅游促销的作用

1. 提供体育旅游信息，沟通供需联系

让体育旅游者了解企业能够提供的旅游产品，引起公众的兴趣，这是形成体育旅游活动的第一步，只有当旅游者获得企业的有关信息后才有可能形成体育旅游动机。搞好体育旅游促销活动不仅可以诱发需求而且可以创造需求。成功的体育旅游促销策略可以吸引旅游者购买过去没有消费过的体育旅游新产品。

2. 突出产品特点，强化竞争优势

当前体育旅游市场竞争激烈，相互竞争的同类产品特色不明显，往往被旅游者忽略。要增加体育旅游产品对旅游者的吸引力，体育旅游企业必须突出自己的产品与同类产品的异化。

3. 树立良好形象，稳定市场销售

体育旅游产品容易受到淡旺季等因素的影响，因此，体育旅游企业应当利用不同季节提供不同的旅游产品，从而做到淡季不淡。

4. 创造需求，引导消费，开拓市场

有力的促销能引起体育旅游者的兴趣，在某种程度上不但能引导旅游者需求，有时还能创造需求，宣传能使一些无名的体育旅游地方为世人了解、喜爱。

（二）体育旅游促销的方式

体育旅游常有的促销方式一般可分为人员推销和非人员推销两种。

1. 人员推销

人员推销是指推销员与体育旅游者直接交流，促成买卖交易实现的方式。其主要特点为：是个人行为，方式灵活，针对性强；已激起购买动机，及时促成交易；以培养与旅游者的感情，建立长期稳定的关系；以获得旅游者对产品的反馈信息，但交费时，效率较低，往往成为代价最高的促销手段。

2. 非人员推销

非人员推销主要是营业推广、广告、公共关系等，此推销活动的覆盖面较广，往往促成实际成交的效果不如人员推销。但也是旅游企业保持长久的有一定影响力的推销手段。

二、体育旅游促销策略

体育旅游促销策略也称为体育旅游促销决策，是指体育旅游企业对促销对象、促销方法、促销投入、促销效果，进行科学选择、配置、控制和评价的过程，最终实现促销的三个主要目标，即告知、说服和提醒。

（一）体育旅游促销策略的原则

1. 特色鲜明

特色鲜明是一个体育旅游企业发展的根本，同时也是产品促销得以成功的基础。一些体育旅游产品虽然非常有名，但不是唯一。

2. 针对性强

体育旅游企业在进行促销前，必须对自己产品的受众群体进行细致的调查，针对特定的人群采用针对性强的措施。在促销中，应考虑到旅游者的不同，从不同的角度广泛考虑。

3. 实事求是

体育旅游促销要根据实际进行，不能盲目地夸大宣传。而且在对体育旅游者促销时，既要提到产品的优点，也要提及不足之处，以免旅游者对产品期望值过高造成心理落差，对企业的长期发展不利。

（二）体育旅游促销策略的类型

1. 锥形透射策略

锥形透射策略是指体育旅游企业的多种旅游产品排列成锥形阵容，以最有招徕力的产品为锥尖层层推进，提高企业的知名度，然后分阶段地层层推出丰富多彩的产品，进一步巩固目标市场的策略。通常分为主打产品（或拳头产品）、特色产品、多样化产品等。

2. 推式策略

推式策略（又称鼓动式宣传）是指将重点放在人员销售上的策略。采用人员推销方式是代理商大量购买企业的产品，代理商再向零售商推销，零售商再向旅游者推荐。

3. 拉式策略

拉式策略是把重点放在非人员销售的广告活动上的策略。体育旅游企业采用广告等进行促销，吸引旅游者对自己产品的关注，刺激需求到销售处购买。此种促销主要是针对那些有意选择企业产品的旅游者，为其提供详细的销售计划、旅游方式、交通、目的地食宿等信息，促使其下决心购买。

本章小结

本章阐述了体育旅游市场营销、体育旅游产品、体育旅游产品定价、体育旅游产品营销渠道、体育旅游促销的基本概念，要求学生掌握体育旅游市场概念、体育旅游产品的特征、体育旅游产品的组合策略、体育旅游产品定价的方法和定价策略、体育旅游产品营销渠道选择的策略、体育旅游促销策略等，并能运用于实践。

回顾与练习

1.随着现代社会的发展，体育旅游市场营销有什么新的观念？

2.体育旅游产品主要包括哪些基本内容和特点？

3.体育旅游产品的品牌有什么作用？

4.常见的体育旅游产品定价策略有哪些？

5.体育旅游产品营销渠道有哪些选择策略？

6.体育旅游促销有什么特点？

知识拓展

我国体育旅游市场投资规模增加、发展空间巨大

国家旅游局数据显示，2015年我国体育旅游实际完成投资791亿元，同比增长71.9%。登山、滑雪、探险、潜水等体育旅游新业态成为投资新亮点。

中青旅、海航旅业、阿里旅游等大型旅游企业加快投资体育旅游。中投顾问发布的《2016—2020年中国体育旅游行业深度调研及投资前景预测报告》指出，随着全民健身的兴起，体育资源和旅游资源加速融合，未来发展空间巨大。体育和旅游都是政策大力扶持的重点产业，是居民消费升级的重要体现，也是扩大内需、促进产业结构升级的重要驱动力，"体育+旅游"的发展有其内在逻辑和现实需求。数据显示，发达国家体育旅游产业占旅游总收入的25%左右，而国内仅占旅游行业总规模的5%，未来发展空间巨大。

乐视体育联手海航系　领跑体育旅游万亿大市场

2016年3月15日凯撒旅游一纸公告将乐视体育再次推到市场焦点。根据公告，凯撒旅游与海航资本投资、海航资本集团三家"海航系"公司共同出资12亿元参与乐视体育B轮融资。本次投资完成后，乐视体育估值205亿元，不到一年估值暴增6倍多。国信证券研报认为，依托乐视体育这一国内互联网体育生态龙头的资源和赛事支持，加上海航系在旅游产业链的深度布局，双方战略联手后有望成为中国体育旅游的领跑者，共同分享市场高速增长的大蛋糕。

世界旅游组织最新数据显示，虽然全球旅游产业目前年均增速仅有2%~3%，但体育旅游是增长最快的细分领域，增速达到每年14%。在国内，2014年仅云南省体育旅游收入就超过120亿元，比上年增长35%，体育旅游人均消费1420元，是一般游客的1.5倍。中信建投报告指出，目前我国体育旅游规模为1700亿元，仅占旅游行业总规模的5%（34000亿元），若未来体育旅游追平发达国家25%的比重，按照旅游产业总值4万亿元测算，体育旅游规模可达1万亿元。

第十一章
体育彩票市场营销策略

【学习任务】

    通过学习了解体育彩票的概念、特点、种类与发展，掌握体育彩票产品策划与管理理论、影响定价的因素、营销渠道和促销方式，初步具备制订体育彩票策划与管理的能力、营销策略的能力和不同体育彩票产品促销策略的能力。

【学习目标】

● 基本了解体育彩票市场的概念与特点。

● 熟练掌握体育彩票产品的策划与管理。

● 能够懂得体育彩票的定价策略。

● 能够懂得体育彩票的营销渠道及促销策略。

【学习地图】

体育彩票市场概念→体育彩票产品及管理→体育彩票营销

彩票指的是一种依据机会选择在参与购买者中间进行奖金分配的方法。彩民既是彩票的购买者，又是用彩票销售所建设起来的公益事业的受益者。体育彩票是社会福利性和公益性事业发展不足而筹集社会闲散资金的一条有效途径。发行体育彩票是世界各国体育资金市场化筹集的惯用做法。目前，全球发行彩票的国家有一百多个，我国体育彩票是国务院批准在全国发行的合法彩票，募集资金主要用于发展体育事业和促进全民健身运动，是一项取之于民、用之于民的社会公益事业。我国体育彩票从1994年正式发行至今已有21年，体育彩票发生了从当初5亿元到2014年1746亿元的年销售额的跨越式变化，体育彩票已成为我国体育事业可持续发展的重要经济来源。

一、体育彩票的概念与特征

（一）体育彩票的概念

按照国务院颁布的《彩票管理条例》将彩票定义为：国家为筹集社会公益资金，促进社会公益事业发展而特许发行、依法销售，自然人自愿购买，并按照特定规则获得中奖机会的凭证。按照国家体育总局对体育彩票的定义，认为体育彩票是为筹集体育事业发展资金发行的，印有号码、图形或文字，供人们自愿购买并按规则取得中奖权利的凭证。体育彩票发行被许多国家作为一个重要的筹集资金的渠道，在各国体育事业的发展中发挥着举足轻重的作用。

（二）体育彩票的特征

发行体育彩票主要是用于募集资金发展体育事业，体育彩票也是一种商品，它具备一般商品的特征，又区别于一般商品。其特征主要表现在：

1.公益性

中国体育彩票是由国务院批准国家体育总局在全国统一发行，接受国家财政部门监管的国家公益彩票，它是筹集社会闲散资金，支持体育、卫生、社会保障、残疾人等事业发展的社会公益事业。根据相关规定，体育彩票发行所得的全部收入都必须用于体育事业。体育彩票资金由奖金、发行成本和公益金三部分构成，其中，奖金的比例不得超过50%，发行成本不得高于15%，公益金比例不得低于35%。公益金用于全民健身活动和大型体育盛会的补充，任何部门、单位不得截留和挪用。在发行过程中，要接受社会监督，向社会公开收支情况。

2. 规则性

为了吸引更多彩民购买体育彩票，按照公开、公平、公正的市场运作规则，发行部门设计了多种体育彩票中奖方法。比如，"22选5""七星彩""超级大乐透""排列三""排列5""足彩"等玩法。各种玩法又有具体的规则，并在规矩指导下开奖、中奖、兑奖。

3. 娱乐性

我国体育彩票主要包括数字型彩票、乐透型彩票、竞猜型彩票。其中，竞猜型彩票是体育彩票中最具体育特色和娱乐性的彩票。无论是数字型彩票、乐透型彩票还是竞猜型彩票，都是一种博彩的形式，是一种游戏，从预测、购彩和开奖的各个环节中，都能给彩民带来娱乐与休闲。体育彩票也是一种能提供财富的娱乐性商品。

二、体育彩票市场的概念与特点

（一）体育彩票市场的概念

体育彩票的发展是随着市场经济体制的建立和人们思想意识的逐步转变而发展起来的。体育彩票市场是指由体育彩票的发行、销售、购买和服务等形成的市场。

（二）体育彩票市场的特点

1. 垄断性

在体育彩票市场的运作过程中，虽然购买者直接面对的是体育彩票销售商，但是与购买者真正形成合同关系的是发行人。在这种特殊的商品买卖关系中，政府是出卖人，也是具有行政管理权力的行政主体，不仅委托其下属的相关职能部门销售体育彩票，还负责体育彩票的管理和发行、公益金的使用、每年发行额度，以及各地的销售额度等事务的决策，因此，体育彩票市场的运行是一种完全的政府垄断行为。

2. 调控性

体育彩票市场是政府专控的一种特殊商品市场。体育彩票是政府补充财政收入不足的一种工具。在发行体育彩票的过程中，从发行计划、奖券设置、销售、奖金兑现到收入使用等市场全过程均由政府调控。发行体育彩票可称为"官商"行为，全过程由政府专控，实行"三统一"，即"统一印制、统一发行、统一管理"，并接受公众监督。体育彩票市场也是国家对社会进行宏观调控的重要手段。

（三）开放性

体育彩票市场不仅是经济活动，而且也是体育、文化、娱乐活动，不论男女老幼、贫穷富贵等都可以参与其中，体现了市场的开放性。自2000年以后，国家体育总局将电脑体育彩票拓展到全国，拓宽了体育彩票的开放性。如今，随着网络科技的发展，国家正在研发网络体彩玩法，体育彩票市场将会更加开放，也将进一步满足人民群众日益增长的多元化的文化娱乐需求。

三、体育彩票的种类

体育彩票发展到今天，在世界各国都有广泛的市场。根据不同国家和地区的特点，有不同标准、不同类型的体育彩票的玩法和销售方法。我国现有的体育彩票种类也比较多，可分为以下五类：

（一）传统型体育彩票

这是最早开始流传并富有吸引力的彩票。这种彩票有固定的发行量，号码是事先印在票面上的，中奖名额、等级、中奖方式和奖金数额也预先规定好并公布于众。彩票销售一段时间后，进行集中公开摇奖，由购买者"对号入座"对奖、领奖。目前，传统型彩票全部采用电脑辅助销售，因为电脑彩票具有分散、安全、快捷、公平和避免浪费的特点。传统型彩票属于被动型彩票。

（二）即开型体育彩票

这种彩票票面上的号码或图案被一层纸或特殊涂膜覆盖，购买者购买后揭开或刮开覆盖物就可以对照销售现场的兑奖公告判断自己是否中奖。由于是即开型彩票，节奏快，无需等待开奖时间，因此一出现就引起人们极大的兴趣，得到迅速的发展。目前，即开型体育彩票分散销售已成为体育彩票的主要销售形式，也同属于被动型彩票。

（三）乐透型体育彩票

乐透型彩票的英文为"Lotto"，由意大利语转化而来。其意思是"幸运""吉祥""分享"。乐透型彩票是目前世界彩票的主流，流行于各国的玩法就有30多种，方法大致相同。它是由彩民自主选号，即购买者在若干个固定的数字（或标志有数字的图案、运动项目）内任选几个，因此也称为主动型彩票。香港的"六合彩"和我的"M选N"型彩票都属于乐透型彩票。

（四）数字型体育彩票

数字型体育彩票简单、明了、方便，贴近百姓，它采用6+1或选3选4的方式，每个数字从0~9中选出，数字可重复，特等奖不仅要对中所有数字，而且顺序也不能错。组合方式的不同决定奖金的多少，最基本的分类是排列和组合两种，前者要求所预测的号码必须与开奖的号码在顺序上一致，后者则无顺序要求，很自然前者预测难度大，中奖机会小，故奖金也高。

（五）透透型体育彩票

透透型彩票是一种体育运动型彩票，也称足球彩票。该彩票是体育比赛与彩票的结合，要求彩民预测体育比赛的结果，通常是预测足球比赛的结果，其奖金一般按固定比例分配，也称为竞猜型彩票。透透型彩票首次出现于1921年的英国，后来遍及欧洲和南美许多对足球狂热的国家。

四、体育彩票市场的发展概况

（一）国外体育彩票市场的发展概况

体育彩票起源于古罗马时期。公元前5世纪，罗马人征服了欧洲和海外的大片土地，过上了奢华的生活，竞技运动中的古罗马、角斗场、赛马场成为贵族们休闲娱乐的好去处，为寻求刺激，他们在观看比赛的同时搞起了博彩活动，从此开启了体育博彩的先河。现代体育彩票一般公认为诞生于18世纪的英国。当时的英国热衷于赛马，每逢周五，贵族们就到伦敦郊外的原野上举行赛马活动。1870年巴黎实业家奥莱发明赛马彩票，从此体育博彩逐步在全球开展起来。随着发行体育彩票的国家越来越多，市场逐步壮大，体育彩票产业已成为许多国家和地区的一种重要产业。目前，体育彩票市场已具有完整的理论、规则、市场营销研究与设计制作方法，有专门的产品设计、生产销售、广告策划机构，以及相应的营销网络、宣传手段和合作伙伴，还成立了国际彩票协会和国际足球彩票协会等组织。体育彩票的收入已成为很多国家发展体育事业的重要经济来源，成为国际大型体育赛事重要的集资方法和融资手段。

（二）我国体育彩票市场的发展概况

我国体育彩票的诞生与英国赛马业的引入紧密相关。1850年英国人在上海开设"上海跑马总会"，1863年英国人在天津举行赛马活动，1904年英国人在汉口建立"汉口西商赛会"，随后出现华人自营的跑马场，赛马博彩业产生。中华人民共和国的体育彩票诞生于1984年，由北京第四届北京国际马拉松赛发行的"发展体育奖"彩票。随后广东率先成立全国第一个体育彩票发行管理机构，开始构建体育彩票市场。1994年国家体育委员会正式成立了体育彩票管理中心，并随之颁布《1994—1995年度体育彩票发行管理办法》，标志着我国体育彩票市场从此走上法治化、规范化管理轨道。随着电脑彩票、足彩的兴起，体育彩票市场发展迅速，体育彩票销售额逐年增长，为我国筹建公共体育设施、举办群众性体育活动和大型体育活动等发挥了重要作用，取得了显著的社会效益和经济效益。未来，体育彩票将成为我国民众体育消费和国家体育收支的重要内容，体育彩票内容与形式会更加丰富和多样，体育彩票市场管理会更加科学化和法治化。

第二节 体育彩票产品策略

体育彩票是具有政策（计划）性和市场性双重身份的特殊产品，它的发行在注重经济效益的同时，也要注意社会效益。体育彩票产品与一般市场营销中的产品有很大的区别。体育彩票产品策略是体育彩票产品营销的核心部分，其内容包括体育彩票现有产品的策划与管理、新产品的开发与设计等。要从市场发展、消费需求出发确立体育彩票的产品，容易让购买者接受，有利于发展新彩民，并刺激消费。

一、体育彩票产品的策划

（一）体育彩票产品的玩法策划

体育彩票产品是体育彩票开拓市场的核心内容，尽管体育彩票奖金是吸引购买者的最主要因素，但产品本身也是吸引购买者的重要方面。简单有趣或者迎合购买者的产品都是体育彩票开拓市场的重要工具。不同的购买者对体育彩票的偏好不同，即使是某种玩法在某一时期深受购买者喜爱，但经过若干时间后，购买者对它的偏爱可能会因为其他更富有吸引力的玩法的冲击而逐渐冷落它。因此，体育彩票产品要迎合不同年龄层、不同文化层、不同消费层的购买者。

体育彩票玩法的策划应适应遵循购买者的需要的原则，以购买者需要为最基本出发点。在设计玩法时，应实现对市场进行充分的调查和分析，了解购买者到底需要什么样的玩法，然后组织相关专家对玩法进行重新设计。

现代体育彩票一般都是基于电脑的智能型体育彩票的形式出现。其产品必须要迎合不同层次的购买者群体，如年轻人喜欢刺激，投入大，渴望更多回报的心态居多；老年人喜欢关注，即买即开最好，买个运气的心态较多；文化层次较低的更倾向于简单被动型的产品；文化层次较高的更愿意参与复杂主动性的产品等。

目前，我国的体育彩票产品都有两种以上的玩法，每种玩法具有不同的特点，能适应不同消费群体的需求。如上海电脑体育彩票36选7+1、30选7和6+1三种玩法，形成了大奖概率为1/800万、1/500万和1/200万的阶层结构，能适应不同层次购买者的需求。足球彩票是真正意义的竞猜型体育彩票，它以主动性、知识性、严格的制度、良好的形象包装吸引了广大购买者，尤其是较高收入阶层的参与。

对即开型体育彩票产品的玩法设计要立足于增加其趣味性和吸引力，如中奖率、大奖额度、抽奖规则、辅助游戏等，在满足购买者想博取大奖心理的同时，也满足他们想娱乐的心理。

（二）体育彩票产品的销售方式策划

体育彩票产品的销售方式按照不同的分类标准由不同的种类，按彩票发行的载体可分为电脑销售和人工销售；按规模大小可分为规模销售和分散销售。

电脑销售体育彩票产品具有科学、统一、稳定、安全和高效的特点，是目前世界上销售彩票的主要方式。电脑彩票适应的玩法有很多，如即开型、乐透型、竞猜型等。电脑体育彩票产品可以有效分散购买人群，避免社会不稳定现象发生。目前，我国电脑体育彩票系统建成了包括国家体育总局开发的电脑彩票管理软件，采取"统一管理、统一游戏规则、统一技术标准、统一印刷"的管理模式。为了适应体育彩票发展的要求，促进体育彩票产品的销售增长，开发互联网体育彩票销售系统已成为当务之急。人工销售方式主要出现在即开型体育彩票产品的销售中。人工销售的组织工作较难，成本较高，控制难度较大，不是一种常用的销售方式。但在最大节日和庆典上推广体育彩票新产品会起到良好的作用。

规模销售是即开型体育彩票的主流形式。它的特点是时间集中、人员集中，采用大奖组、高奖额、低中奖率的促销方式，有一定的规模效应。这种方式以其巨大的规模和强大的宣传，给人以强大的视觉冲击，容易调动人们的购买欲，它既能满足人们喜欢聚集、爱凑热闹的心理，也可以给参与者带来娱乐和幸运。但这种销售方式的弊端也很明显，其组织成本高，如果组织不当容易造成社会事故。因此，开展规模即开型体育彩票产品销售必须进行严密的策划和组织，理顺各个环节之间的关系，以降低成本，减少风险，增加效益。分散销售是指以特许经营的形式，通过广泛分布的体育彩票产品销售网点常年、定点销售即开型体育彩票产品的一种形式。相对于规模销售而言，它具有覆盖面广、销售网络稳定和便于购买等特点。构成分散销售的网点有三种形式：闹市区设摊、电脑体育彩票网店和经营性商业企业兼营。这种销售方式可以避开规模销售的风险，降低组织成本，不足是短期效益不明显。

（三）体育彩票产品的销售网络策划

建立健全销售网络对保障体育彩票市场的稳健发展有重要作用。加强体育彩票销售网络的管理有三方面的内容：

（1）销售点布局。体育彩票产品管理和销售机构在审批电脑彩票销售点时，必须对销售点负责人的资格进行严格审核，确认其具备一定的经济能力和能承担相应的法律责任。在确认资格后，要与其签订内容详尽的合同书，以规范双方的权利和义务。应加强对销售点布局的宏观管理，销售点的布局要遵循经济、安全的原则，依照不同地区的经济发展状况和人口合理配置，严格限制同行业的恶性竞争，对私自移动销售点的人员或单位要及时予以处理，从而提高产品的信誉和行业的社会效益。即开型体育彩票销售点的选择，要在保障安全的前提下，选择交通方便、地势开阔、人口稠密的区域。

（2）销售点管理。应完善相应的规章制度，对销售点的各种行为进行规范。加强销售点管理的内容包括：营业时间、服务态度、财务结算、知识技能、票务管理、操作规则等方面，使销售点的操作合乎整个系统健康运行的要求。在销售点管理中的一个重要方面就是安全防范管理，维护财务、票务安全，保障销售秩序正常。

（3）管理机构健全。目前，我国体育彩票管理系统已基本形成了一套完整的管理体系和遍布全国的销售网络，建立了国家、省市、地方三级管理机构。体育彩票的管理体制必须倾向于市场，以开发市场、服务社会公益事业为出发点，进一步健全地方体育彩票管理体制为重点，充分发挥地方在体育彩票管理中的作用。健全体育彩票管理机构有利于保障体育彩票市场的健康发展。

二、体育彩票产品的管理

体育彩票产品的管理，涉及国家、部门、单位和群众等各方面的利益，为了使我国体育彩票市场健康、稳定地发展，必须加强对体育彩票产品的管理。

（一）体育彩票产品的严格审批制度

体育彩票产品的发行完全是一种政府行为，体育彩票产品的发行及经营活动由财政部和国家体育总局主管并发行宏观调控。国家体育总局根据国情和体育事业发展的需要定期向国务院及有关部门申请体育彩票发行的产品和额度，经国务院及有关部门批准后方可实施体育彩票产品的发行工作。具体工作由国家体育总局下属的体育彩票管理中心负责。各地体育局及有关大型体育活动组委会需要发行体育彩票产品，必须向国家体育总局体育彩票管理中心提出申请，经批准后，在下达的发行额度内发售彩票。

（二）体育彩票产品的安全保卫制度

体育彩票产品也是一种变相的"有价证券"，因此，要制订并执行体育彩票产品的监印、计数、运输及保管制度并严格执行。我国体育彩票产品的印制工作，由中国人民银行核准的彩票厂统一设计与印刷。各地不得擅自印制各种体育彩票。体育彩票的接收人员要认真清点数量、检查系列号、编组号是否相符、外包装是否完好无损等。押运人员要认真负责、忠于职守，在押运过程中要做到人在票在，确保安全抵达。彩票出入库时有一套完整的手续，检查账目，清点明细，接收双方人员在协议书上签字等。

三、体育彩票新产品的开发与设计

随着体育彩票市场的发展，国民综合素质的显著提高，一方面相当部分购买者对体育彩票的开发与设计提出了更高的要求；另一方面购买者开始关注品牌。

（一）体育彩票产品要丰富科技、体育和文化内涵

具有高科技、体育和文化含量的体育彩票产品才会有较强的市场竞争力和生命力。当今是一个科技高速发展的时代，体育彩票产品作为市场经济的产物，必须不断加大科技含量以适应社会和经济形势的发展，必须加大与体育特色相结合，只有与个性化智慧相结合的体育彩票，更倾向于主动型、知识型的体育彩票产品，才能更吸引购买者的兴趣。此外，优秀的产品都具有自己独特的文化理念，并将自身的产品文化价值作为进入市场的武器。体育彩票本身就具有一定的体育文化背景，在营造体育彩票文化方面，要努力结合社会潮流和购买者心理以及我国的优秀文化，不断提升产品附加值。同时不断研究新的产品，吸引更多购买者，建立起不断扩展的购买群体。

（二）树立品牌意识和形象

随着市场的逐步规范化，人们对于品牌的意识逐步加强。品牌已作为一种优质信誉、良好形象成为产品鲜明的标志，也是优秀产品占领市场的有力武器。良好的品牌不仅仅带给消费者优质的产品，同时其优质的服务和良好的信誉可以在市场竞争中形成更多的消费群体，为产业长期健康发展奠定基础。对于体育彩票产品来说，体育彩票品牌的建立主要由彩票自身的宣传、形象设计、管理部门的工作效率以及开奖的公平公正公开度、员工的工作态度等方面组成，在我们努力建立产品形象的过程中，要在这些方面加强管理，这样才能使体育彩票市场可持续健康稳定地发展。

总之，购买者对大部分体育彩票产品的需求是多元的、不同质的。体育彩票管理部门在设置不同体育彩票产品时，应事先进行翔实的市场调查，给不同产品明确的市场定位。

体育彩票定价策略

为了有效开展市场营销，增加销售收入和提高利润，企业必须要给产品制订基本价格。价格是市场营销中十分敏感而又难以控制的因素，直接关系到市场对产品的接受程度，影响着市场的需求和企业的利润，涉及生产者、经营者和消费者等多方利益。定价策略是营销组合中极其重要的一个要素。体育彩票是一种特殊产品，其生产发行者不是企业而是国家行政机构（国家体育总局），因此在定价策略上有其特殊性。

一、影响体育彩票定价的因素

影响体育彩票定价的因素主要是定价目标、成本费用、市场需求、法律政策等。一般来说，体育彩票定价的上限通常取决于市场需求，下限取决于体育彩票的成本费用等。

（一）定价目标

体育彩票的定价目标是国家体育总局通过制订及实施价格策略所希望达到的目的。由于体育彩票具有垄断性和公益性，因此，其价格目标不同于其他产品必须追求利润最大化和市场份额最大化，而是选择稳定价格目标，原因是体育彩票不存在与任何企业竞争，目标价格通常在一个较长时期内都是相对稳定的。由于体育彩票的形象代表着国家，因此还必须考虑体育彩票优质优价和优质服务。

（二）成本费用

任何产品都不能随心所欲地定价，也包括体育彩票。从长远看，体育彩票的销售价格也必须高于成本费用，才能以销售收入抵偿生产成本和经营费用。因此，国家体育总局制订价格时必须估算相关成本。对于已有的体育彩票，相关成本是指同生产、分销有关的直接成本和分配的间接成本；对于新的体育彩票，相关成本是在未来的整个生命周期中的直接成本和分配的间接成本。

（三）市场需求

市场需求受价格和收入变动的影响。体育彩票同样需要关注价格对消费者需求的影响，其价格的设定会导致不同层次的需求，应该认真研究价格与需求之间的关系。因价格或收入等因素引起的需求相应的变动率称为需求弹性，它反映需求量对价格的敏感程度。一方面体育彩票为独家产品，市场上没有替代品或竞争者；另一方面体育彩票的价格变化也会导致需求的变化，因此体育彩票同样具有一定的需求弹性。

（四）法律政策限制

国家法律政策对价格的影响往往至关重要。政府和立法部门往往从全局出发，为了维护国家、社会和消费者的利益，制定了一系列的经济法规，约束和规范企业的价格行为。我国的《中华人民共和国价格法》将定价分为市场调节价、政府指导价和政府定价三类。体育彩票属政府定价类，政府定价具有强制性，不经价格主管部门批准，任何单位和个人都无权变动。

二、体育彩票的定价策略

体育彩票的定价工作复杂，必须全面考虑各方面因素，采取一系列步骤和措施。一般来说，定价决策有五个步骤，即选择定价目标、估算成本、测定需求的价格弹性、选择适当的定价方法和选定最后价格。

体育彩票的定价与其他体育产品的定价区别很大，但体育彩票定价对于市场发展来说，仍存在较大的制约性。为了活跃体育彩票市场，充分发挥体育彩票销售者的主观能动性，吸引更多彩民购买体育彩票，可从以下方面进行策略思考：一是变垄断定价为弹性定价，即在不影响公益金和返还奖金的基础上，让体育彩票销售站、点设立弹性价格，打破政府垄断定价是活跃体育彩票市场的重要措施；二是采取渗透定价，将体育彩票新产品的价格定得相对较低，以吸引大量购买者，低价可以刺激市场迅速增长；三是采取价格组合方式，积极打造体育彩票的组合性玩法，并研究制订出系列价格，使购买者针对体育彩票的组合不同，有选择地购买产品组合，形成玩法和价格的多样化，也形成多重中奖机会，从而增强体育彩票的娱乐性和趣味性。如在乐透型体彩研发中，积极推广单一型玩法为组合型玩法，即选择一组数字组合可选择多重中奖概率，选得越多价格越高，并体现出价格捆绑低于单独购买其中单一产品的费用总和；在足彩发行过程中，可以采取胜注、输注、平注的顺序不同、组合不同等灵活捆绑定价方式。

体育彩票渠道策略

有效的渠道设计以确定企业所要进入的市场为起点。原则上讲，目标市场的选择并不是渠道设计的问题。然而事实上，市场选择与渠道选择是相互关联的，有利的市场加上有利的渠道才能使企业获得利润。因此，体育彩票的渠道设计问题的中心环节是确定进入彩票市场的最佳途径。

一、影响体育彩票渠道设计的因素

影响体育彩票渠道设计的因素主要有：一是购买者特性。体育彩票渠道设计受购买者人数、地理分布、购买频率、平均购买量以及不同促销方式的敏感性等因素影响。当购买彩票的人数较多时，一般都利用每一层次都有许多中间商的长渠道。购买者人数影响着地理分布，购买者的购买方式也影响购买人数和地理分布，购买者对不同促销方式的敏感性也间接影响着渠道选择。二是产品特性。体育彩票特性主要是产品的玩法能否长期吸引购买者，以及产品的新颖性能否博得大众心理需求。三是中间商特性。体育彩票设计渠道时必须考虑执行不同任务的中间机构的优缺点，并在成本、可获得性以及提供的服务三方中对中间商进行评估。一般来讲，中间商在执行运输、广告、接纳顾客等方面，以及信用条件、人员训练和送货频率方面，都有不同的特点和要求。四是渠道环境。体育彩票渠道设计还要受到环境因素的影响，如经济发展状况、社会文化变革、技术以及政府管理等。

二、强化宣传，建立畅通的沟通渠道

在现代市场环境中优质的产品并不一定能有良好的市场销路，这取决于消费者对这一产品的认可态度，也就是说应该通过某些形式的沟通，使消费者形成对这一产品的信任。畅通沟通渠道的建立，有利于为企业及其产品确定知名度、印象度和信誉度，从而形成强大的市场购买欲望。

体育彩票的沟通对象主要是购买者、公众、销售员和政府等，其中购买者是主要的沟通对象。沟通的最终目的是为体育彩票创造良好的生存发展环境，培养大量的相对稳定的老顾客或忠实顾客。体育彩票的宣传渠道沟通分为正式沟通和非正式沟通，正式沟通指为特定的目的，而选择某种渠道对特定的群体进行信息传递，以达到使该群体形成对某种产品或组织的期望形象的公关过程。非正式沟通指在日常工作或社会活动中，以良好的工作规范和健康的形象来潜移默化地影响沟通对象，使沟通对象产生对某产品或组织的良好印象。正式沟通事先一般要经过精心策划，制订出有效的沟通策略，并在策略实行过程中注意实施效果，以便及时作出必要修正。非正式沟通则形式比较灵活，重在平时的印象积累。

三、科学规划，建立合理的销售渠道

建立合理的销售渠道是提高销售效率的重要手段，虽然我国体育彩票现在的销售渠道在不断扩大，但也在一些地方存在布局不合理的问题，从而影响了销售效率和销售规模。合理的销售渠道需要管理部门进行科学规划。

传统型彩票往往采用集市销售、商场销售等营销渠道。随着电脑彩票的出现改变了传统的体育彩票销售模式。即由集中型销售向分散型销售转变，这不仅扩大了市场，也吸引了更多购买者。

从体育彩票市场发展角度看，未来体育彩票的销售渠道应该是通路"直销"与"多渠道网络销售"相结合。一是通路"直销"，是体育彩票管理中心绕过一些中间环节，直接供彩票给零售终端，也并非直接向最终消费者销售，好处是可直接控制零售终端，提高总部对市场的辐射力和控制力。二是开通电脑网上销售渠道，让更多人可以在电脑前购买体育彩票。三是开通手机销售渠道，让更多手机用户以发送短信、微信等形式购买体育彩票。四是在城镇、乡村设立销售网点，重点解决农村、城镇居民购买体育彩票难的问题。

第五节 体育彩票促销策略

促销是促进产品销售的简称。从市场营销的角度看，促销是企业通过人员和非人员的方式，沟通企业与消费者之间的信息，提升品牌形象，引发消费者的购买欲望，使其产生购买行为的活动。促销一般具有三层含义：一是意识促销工作的实质与核心是沟通信息；二是促销的目的是提升品牌形象，引发、刺激购买者产生购买欲望；三是促销的方式有人员促销和非人员促销两类。体育彩票的促销主要分为两种：宣传促销和自我促销。

一、宣传促销

宣传是现代市场经济下商品拓展市场的关键因素之一。有力的宣传不仅可以提高销量，而且可以树立体育彩票的良好形象。体育彩票宣传的重点在于其公益性、玩法规则和销售成绩等。宣传的形式可分为日常宣传和重点宣传。

日常宣传指利用体育彩票的事件进行不定期的宣传，其目的在于保持社会公众对体育彩票的认知，不断向公众介绍体育彩票的玩法，新规则、发生的有新闻价值的故事，以及奖励办法等，使公众不断加深对体育彩票的认识，吸引越来越多的民众购买体育彩票。

重点宣传是利用一些影响比较大的事件进行一定规模的宣传，如销量突破多少、发行多少周年、规模即开型彩票销售等。销售的突破、发行周年纪念都可以用买彩票伴随着赠送的方式进行规模销售。而即买即开被动型彩票则要通过短时间、高频度，并具有一定力度的宣传，起到短时间内为即将发售的彩票进入市场作基础性的铺垫，并激发人们购买彩票的热情。而销售过程中，也要伴随广告宣传和对于彩票销售的报道，有助于充分挖掘市场潜力，为今后的体育彩票发行奠定基础。通过实行有针对的、集中式的宣传，可迅速提高本次销售的社会知名度，扩大知晓人群。而在宣传过程中，也要注意宣传的投入。由于宣传的费用较高，因此从节约成本的角度，宣传要有侧重，避免盲目，造成宣传浪费和失效。体育彩票的宣传媒介应根据目标受众的不同而有所区别。

二、品质促销

产品促销中宣传固然重要，而产品自身品质也是取得市场份额的关键因素。对于体育彩票而言，其自身的"品质"是通过其信誉度和彩票玩法的合理性等方面体现的。在体育彩票发行过程中，管理部门要严格地针对发行过程中的买卖、摇奖、兑奖等环节进行严格把关，使得体育彩票始终以良好的商业形象立足于市场。为了鼓励民众购买彩票，传统的赠送方法也是一种有效的促销策略，如赠送样品、赠送代金券、赠送印花、包装兑现等。

此外，借鉴国外促销经验：一是提高奖金返还比例。法国体育彩票销售收入用于奖金返还占58%，西班牙足球彩票销售收入用于奖金返还占55%。我国目前体育彩票销售收入用于奖金返还的比例仅占50%。从购买体育彩票者来看，许多从前比较喜欢购买体育彩票的现在退出参与行列，一个重要的原因就是中奖的可能性太小。因此，如果提高奖金返还比例很可能是一种有效的促销方式。二是提供附加中奖机会。澳大利亚彩票委员会发行的超级乐透66彩票（Lotto super 66）就是其中一种。购买者在票上选出数字（如1，2，4，8或10）后参加抽奖，如果开头或结束的两个或更多数字与抽出的6个数字相符合即中奖。

本章小结 — 　本章阐述了体育彩票的概念与发展，体育旅游产品策划、管理、设计与开发的策略，体育彩票产品定价策略，体育彩票渠道策略，体育彩票促销策略等，要求学生掌握体育彩票特征和种类，体育彩票现有产品策划与管理、新产品开发与设计，了解影响体育彩票定价的因素和掌握定价策略，主要掌握体育彩票沟通与销售渠道，以及宣传与自我促销策略等，并能在实践中运用。

回顾与练习 — 　1.随着社会的发展，体育彩票概念有什么新的延伸？

　2.体育彩票主要包括哪些种类和特点？

　3.体育彩票的开发与设计应注意哪些方面？

　4.常见的体育彩票定价策略有哪些？

　5.体育彩票渠道主要关注哪些策略？

　6.讲述一个成功的体育彩票促销案例。

知识拓展 —
世界上最贵的彩票——泰国彩票

　泰国彩票是一种1开2页的票种，每月发行两期，开奖日期分别是每月1日和16日。泰国的彩票属于数字型彩票。彩票票面上直接印制号码，不作任何覆盖，人们在选购时，不用刮，可以直观地选择号码。在选择号码时，由于是事先印制好的号码组合，没有更多的选择余地，不像国内的彩票，在规定数字范围内可自己挑选号码让人给你打出来。

　为什么说泰国彩票是世界上最贵的彩票呢？因为泰国政府彩票局不发放彩票牌照，而是自己印发，再由经销商进行销售，每张彩票票面价值40泰铢，但从经销商再到零售商这样一级级下来，真正到彩民手里，彩票的价值已经远远高于110泰铢。1元人民币=5.5651泰铢，也就是说彩票价值从7元人民币涨到了20元人民币。堪称世界上最昂贵的彩票。

　泰国人民信仰佛教，在买彩这事儿上也难免迷信。于是经销商也从中发现了商机，将彩票分为"三六九等"，一些赋予一定意义的彩票票价被炒得很高，比如，前泰国总理英拉执政期间，其汽车车牌号；经寺庙里高僧念过经的彩票。出于文化宗教信仰以及一夜暴富的心理，很多彩民愿意出高价购买这样有意义的彩票。据说最被看好的彩票票价被炒到了150泰铢。还有的彩民会在菩提树或是附近的树上，抹上香油刮一刮希望能从中找到蛛丝马迹或是得到一些启示。

104亿！美国史上最大彩票开出

2016年全美为之疯狂的"强力球"彩票摇出中奖号码了！美国强力球彩票机构14日凌晨宣布，有3人中得头奖，平分高达15.86亿美元（约合104.5亿元人民币）的奖金。美国《侨报》称，加州的头奖得主据传是位华人。

巨额奖金引发购买热潮

"强力球"是美国最受欢迎的彩票游戏之一，每逢周三和周六开奖，自去年11月4日以来，由于头奖一直空缺，至13日晚再次开奖，奖金已累积至15.86亿美元，成为美国彩票史上最高奖金额。

这一堪称天文数字的彩票奖金引发全美彩票购买热潮，开奖当晚更让美国人陷入疯狂。据报道，距离开奖还有20分钟，"强力球"的网站主页就因浏览人数太多而打不开了。

美国西部时间13日20时，"强力球"彩票号码终于揭晓，最终开出的中奖号码为08，27，34，04，19，以及被称为"强力球号码"的10。

中奖号码公布没几分钟，就有媒体报道称，加州有人中头奖了！加州彩票局随后证实了这一消息，于当晚20时20分公布消息称，在南加州小镇奇诺岗售出的一张彩票，命中了全部6组号码。

当地电视台的画面显示，在第一张头奖彩票销售地点确认后，加州奇诺岗这家711便利店便被蜂拥而至的人群挤满。根据相关规定，售出中头奖彩票的销售点将获得100万美元（约合658万元人民币）的奖金。

此后，又有消息传出，此次获得"强力球"头奖的共有3人，除了加州的幸运儿外，另两位分别在田纳西州和佛罗里达州。美国强力球彩票机构14日凌晨证实了这一消息，称来自上述3个州的3张彩票中得头奖，每张彩票将获得5.288亿美元（约合34.8亿元人民币）

的奖金。

一售出地在华人聚居区

目前中头奖的3位幸运儿身份尚未揭晓。在美国，虽然领奖法规因州而异，但大多数的赢家可以等大约180天才出面领奖。

不过，已有传闻称，此次加州的大奖得主是名华人。美国《侨报》13日报道称，加州中奖彩票的售出地在小镇奇诺岗，该镇是华人聚居区，有传闻称，此次中奖者就是华人。

美国彩票史上，曾有多名华人赢得大奖。就在去年感恩节，纽约刚刚退休的华裔厨师陈常东（音译）领取了1000万美元彩票大奖。在领奖现场，陈常东戴上了帽子和墨镜，把自己裹得严严实实。不过，最后还是被网友"人肉"了出来。

2014年5月，在美国旧金山，一名陈姓失业男子散步时用5美元买了超级乐透彩票，直至开彩后的一天，才知道自己中了头奖，一共有7000万美元。

美国政府才是最大赢家

根据规定，中头奖者可一次性领取奖金，或根据各州规定，分若干次领取奖金，每年领取一笔。中头奖者还需缴纳各种税费，一次性申领奖金税更高，通常只能获得奖金总额的一半。

据报道，13日开出的"强力球"大奖中奖概率为2.922亿分之一，也就是说，有2.922亿种号码组合供彩民选择。有人因此笑侃，中奖的概率比被雷劈到都小。在美国被雷劈的概率为28万分之一，高出中头奖近千倍。也正因如此，"强力球"彩票屡屡出现额度惊人的大奖。

此次近16亿美元的"强力球"彩票头奖金额也刷新了美国彩票史上的最大彩票奖金。先前美国彩票的最大奖于2012年3月开出，金额为6.56亿美元，由3人分享。

面对巨奖的诱惑，美国掀起购买强力球彩票的热潮。据统计，从去年11月4日至今年1月13日晚开奖前，强力球彩票销售额高达26.5亿美元（约合174.6亿元人民币）。有评论就此称，政府才是"强力球"彩票最大的赢家。

参考文献

[1] 鲍明晓.体育产业——新的经济增长点［M］.北京：人民体育出版社，2000.

[2] 吴金林，李丹.旅游市场营销［M］.北京：高等教育出版社，2010.

[3] 吴健安.市场营销学［M］.北京：清华大学出版社，2010.

[4] 陈林祥.体育市场营销［M］.2版.北京：人民体育出版社，2010.

[5] 周林.市场营销学［M］.西安：西北工业大学出版社，2010.

[6] 钟天朗.体育经济学概论［M］.2版.上海：复旦大学出版社，2010.

[7] 梁文玲.市场营销学［M］.北京：中国人民大学出版社，2010.

[8] 葛卫忠.商业健身俱乐部体验营销策略［J］.体育学刊，2010（9）.

[9] 万来红.体育场馆资源利用与经营管理［M］.武汉：华中科技大学出版社，2010.

[10] 叶敏.市场营销原理与实务［M］.北京：北京邮电大学出版社，2011.

[11] 张学梅.旅游市场营销［M］.西安：西安交通大学出版社，2011.

[12] 刘青.体育场馆的经营与管理［M］.北京：人民体育出版社，2012.

[13] 陈阳.市场营销学［M］.2版.北京：北京大学出版社，2012.

[14] 风笑天.社会研究方法［M］.4版.北京：中国人民大学出版社，2013.

[15] 杨文轩，陈琦.体育概论［M］.2版.北京：高等教育出版社，2013.

[16] 钟天朗，徐琳.体育消费研究［M］.上海：复旦大学出版社，2013.

[17] 杨耀丽，杨秀丽.市场营销学［M］.上海：上海财经大学出版社，2013.

[18] 王槐林，李林.市场营销学［M］.2版.北京：北京大学出版社，2014.

[19] 黄玉娟.市场营销学［M］.2版.北京：北京大学出版社，2014.

[20] 谭建湘，霍建新，陈锡尧，等.体育场馆经营与管理导论［M］.北京：高等教育出版社，2014.

[21] 艾尔·巴比.社会研究方法［M］.邱泽奇，译.11版.北京：华夏出版社，2014.

[22] 骆秉全.体育经济学概论［M］.北京：高等教育出版社，2014.

[23] 骆秉全，高天.体育市场营销学实训指导［M］.北京：人民体育出版社，2014.

[24] 伞洪光.体育营销［M］.北京：航空工业出版社，2014.

［25］汪涛，望海军.市场营销学［M］.北京：高等教育出版社，2014.

［26］吴健安，聂元昆.市场营销学［M］.北京：高等教育出版社，2014.

［27］谭建湘，马铁.体育经纪导论［M］.2版.北京：高等教育出版社，2015.

［28］刘勇，代方梅.体育市场营销［M］.3版.北京：高等教育出版社，2015.

［29］张贵敏.体育市场营销学［M］.上海：复旦大学出版社，2015.